BIBLIA INFOGRÁFICA PARA NIÑOS

ACTIVIDADES

EDITORIAL PORTAVOZ
Grand Rapids, Michigan

HARVEST HOUSE BIBLIA INFOGRÁFICA EQUIPO

Brian Hurst — ILUSTRADOR EXTRAORDINARIO

Heather Green — GENERADORA DE GENIALIDADES

Aaron Dillon — AMO DE LAS LETRAS

Kyle Hatfield — GENIO DE LOS LABERINTOS

Nicole Dougherty, Kyler Dougherty — NINJAS DEL DISEÑO CREATIVO DE TAPAS E INTERIOR

CONOCE AL RESTO DEL EQUIPO

BURRO

La mascota no oficial y guía sí oficial de este libro. Es un poco mandón.

UNICORNIO

Es único, y le encanta la Reina-Valera Antigua (la única en español que lo menciona).

JIRAFA

Siempre arriesga el cuello por ayudar. (Recién renunció a un trabajo en la industria del juguete).

HIPOPÓTAMO

Le gusta estar a cargo de todo y de todos, pero desaparece en la mayor parte del libro. Sufre de hipo.

LEÓN

Melenudo y quejumbroso. Nunca deja de pensar en comida.

OSO

Siempre afirma lo que es obvio, y eso lo hace parecer muy pesado.

La misión de Editorial Portavoz consiste en proporcionar productos de calidad —con integridad y excelencia—, desde una perspectiva bíblica y confiable, que animen a las personas a conocer y servir a Jesucristo.

Publicado originalmente en inglés por Harvest House Publishers con el título *Bible Infographics for Kids, Activity Book* © 2020 Harvest House Publishers. Traducido con permiso.

Biblia Infográfica: Actividades

Traducción: Rosa Pugliese

EDITORIAL PORTAVOZ
2450 Oak Industrial Drive NE
Grand Rapids, Michigan 49505 USA

Visítenos en **www.portavoz.com**

ISBN 978-0-8254-5983-2 (Rústica)

Impreso en China - Printed in China
24 25 26 27 28 29 / 10 9 8 7 6 5 4 3 2

“Es imposible mejorar la *Biblia Infográfica para Niños*”.

—Todos

MUY BIEN... ¡ACEPTAMOS EL RETO!

Porque ahora podrás experimentar infográficas de la Biblia de una manera aún más espectacular y creativa.

No puede ser más espectacular; lo comprobamos.

Prepárate (si puedes) para solucionar rompecabezas desconcertantes, atravesar laberintos magistrales, traducir versículos de la Biblia en emoticones, atreverte a aventuras improvisadas, hacer nuevas creaciones, dibujar, escribir, buscar, encontrar, experimentar... ¡y mucho más!

“¡¿Más?!”... te preguntas en total asombro.

Bueno, no queríamos quitarle lo extraordinario a lo extraordinariamente increíble que se encuentra entre estas tapas.

De veras... ¿no más sorpresas?

No importa por dónde comiences, solo que lo hagas. ¡Te espera una increíble experiencia donde la Biblia cobra vida de una manera totalmente nueva!

¿Por qué sigues aquí?

Ya deberías haber comenzado.

¿*Sigues* en la introducción?

¿No quieres divertirte?

Por supuesto que sí.

¡Vamos!

Eso quiere decir que des vuelta a la hoja, campeón.

EL LIBRO DE DIOS, ÉPICO Y ASOMBROSO

¡La Biblia está compuesta por **66 LIBROS DISTINTOS** escritos por **MÁS DE 40 AUTORES!**

¿Cuántos libros tienes tú?

Cuenta la cantidad de libros que hay en tu habitación: ______

Ahora, cuenta todos los libros que hay en tu casa: ______

La Biblia es el libro más vendido de todos los tiempos (por mucho): ¡se han vendido más de 5 mil millones de copias! ¡Guau!

¡Hagamos algunos cálculos!

Un libro normal mide alrededor de 18 cm de alto. Toma el número de libros que encontraste en toda tu casa y multiplícalo por 18; eso te dirá la longitud que alcanzarían.

______	x 18 =	______	÷ 100 =	______
Cantidad de libros en tu casa.		Longitud que alcanzarían en centímetros.		Longitud que alcanzarían en metros.

¿Ocuparían más que tu habitación? ¿Llegarían hasta el pasillo? ¿Llegarían hasta el patio? ¿Hasta otra provincia?

¡La Biblia se escribió durante un periodo de 1500 años! (Recuerda: fueron 40 autores diferentes).

¿Cuál fue el libro más viejo que encontraste?

______

¿Cuál es tu libro favorito?

______

Fíjate adentro del libro en la página de derechos de autor. Hay un número pequeño escondido por ahí que te dice en qué año se imprimió.

¡Dibuja tu propia portada de Biblia!

PARA MÍ, ¡TODO ESTÁ EN GRIEGO!

El Nuevo Testamento se escribió casi todo en griego koiné. Originalmente, no tenía puntuación ni espacios entre palabras, y estaba todo en mayúscula. ¡Debe haber sido bastante difícil de leer!

ELNUEVOTESTAMENTOORIGINALMENTESE
ESCRIBIAASISINESPACIOSENTREPALABRAS
SINPUNTUACIONYSINDIVISIONDEPARRAFO
SSEESCRIBIOSINNUMEROSDEVERSICULOS
NUMEROSDECAPITULOSOTITULOSDESECC
IONESESTOSSEAGREGARONDESPUESPAR
AAYUDARALECTORESCOMOTU

¿Puedes descifrar estos mensajes escritos de la misma manera?

1 ENELPRINCIPIODIOSCREOLOSCIELOSYLATIERRA

2 PORQUEDETALMANERAAMODIOSALMUNDOQUEHADADOASUHI
JOUNIGENITOPARAQUETODOAQUELQUEENELCREENOSEPIERDA
MASTENGAVIDAETERNA

3 ELNUEVOTESTAMENTOTAMBIENSEESCRIBIOSINNUMEROSDE
VERSICULOSCAPITULOSOTITULOSDESECCIONESESTOSSEAGRE
GARONMASADELANTEPARAAYUDARALECTORESCOMOTU

Busca las respuestas en la página 118.

4 QUESABORDEHELADOESTUPREFERIDOESCRIBE
TURESPUESTAAQUI

LA TRADUCCIÓN EMOTICÓN REVISADA (TER)

No solo se han vendido más Biblias que cualquier otro libro en la historia, sino que también se ha traducido a muchos más idiomas que cualquier otro libro... ¡hasta en idioma de emoticones!

Aquí tienes un ejemplo.

"El gozo del SEÑOR es nuestra fortaleza". Nehemías 8:10

TRADUCCIÓN EN EMOTICÓN:

"Los cielos cuentan la gloria de Dios". Salmos 19:1

TRADUCCIÓN EN EMOTICÓN:

Mi versículo favorito:

TRADUCCIÓN EN EMOTICÓN:

Aquí hay algunos ejemplos de emoticones para que te inspires:

LA HISTORIA DE LA CREACIÓN

A la historia parafraseada de la creación en la siguiente página le faltan algunos detalles. Para descubrir la historia completa, PRIMERO llena los espacios en blanco de esta página sin mirar la historia en la página siguiente. LUEGO copia las palabras que escribiste al lado de cada número en la historia de la página siguiente.

1.	Lugar, plural	10.	Tipo de alimento
2.	Lugar	11.	Sustantivo
3.	Adjetivo	12.	Sustantivo
4.	Adjetivo	13.	Sustantivo plural
5.	Persona	14.	Especies de criaturas
6.	Sustantivo	15.	Especies animales que vuelan
7.	Sustantivo	16.	Sustantivo
8.	Sustantivo	17.	Sustantivo de género masculino
9.	Sustantivo plural	18.	Sustantivo de género femenino
		19.	Mandato
		20.	Verbo

*Un **sustantivo** es una persona, lugar o cosa (como un maestro, libro o calle) y un **adjetivo** califica a un sustantivo (como: limpio, alegre, pequeño o azul).*

No te preocupes si no te suena bien; puedes leer la historia real en Génesis 1:1–2:4.

En el principio Dios creó los 1. ______ y la 2. ______.

DÍA 1 – La tierra estaba 3. ______ y 4. ______, y las tinieblas estaban sobre la faz del abismo, y el 5. ______ se movía sobre la faz de las aguas. Y separó Dios la luz de las tinieblas. Y llamó Dios a la luz 6. ______, y a las tinieblas llamó 7. ______.

DÍA 2 – Y separó [Dios] las aguas que estaban debajo de la expansión, de las aguas que estaban sobre la expansión... Y llamó Dios a la expansión 1. ______.

DÍA 3 – Dios también juntó las aguas en un lugar, y descubrió lo seco. Y llamó Dios a lo seco 8. ______, y a las aguas llamó 9. ______. Después dijo Dios: Produzca la tierra hierba verde que da 10. ______. Y vio Dios que era bueno.

DÍA 4 – Dios separó el día de la noche e hizo dos grandes lumbreras; el 11. ______ para que señorease en el día, y la 12. ______ para que señorease en la noche; hizo también las 13. ______. Y vio Dios que era bueno.

DÍA 5 – Dijo Dios: Produzcan las aguas 14. ______, y 15. ______ que vuelen sobre la tierra, en la abierta expansión de los cielos. Y vio Dios que era bueno.

DÍA 6 – Entonces dijo Dios: Hagamos al 16. ______ a nuestra imagen. Y creó Dios al 16. ______ a su imagen; 17. ______ y 18. ______ los creó. Y los bendijo Dios, y les dijo: 19. ______. Y vio Dios todo lo que había hecho, y he aquí que era bueno en gran manera.

Fueron, pues, acabados los 1. ______ y la 2. ______.

DÍA 7 – Y acabó Dios en el día séptimo la obra que hizo; y reposó el día séptimo de toda la obra que hizo. Y bendijo Dios al día séptimo, y lo 20. ______.

LA CREACIÓN DE DIOS

Une los puntos y descubre lo que Dios creó el segundo día de la creación.

Cuando termines, ¡agrega tus propios detalles y coloréalo!

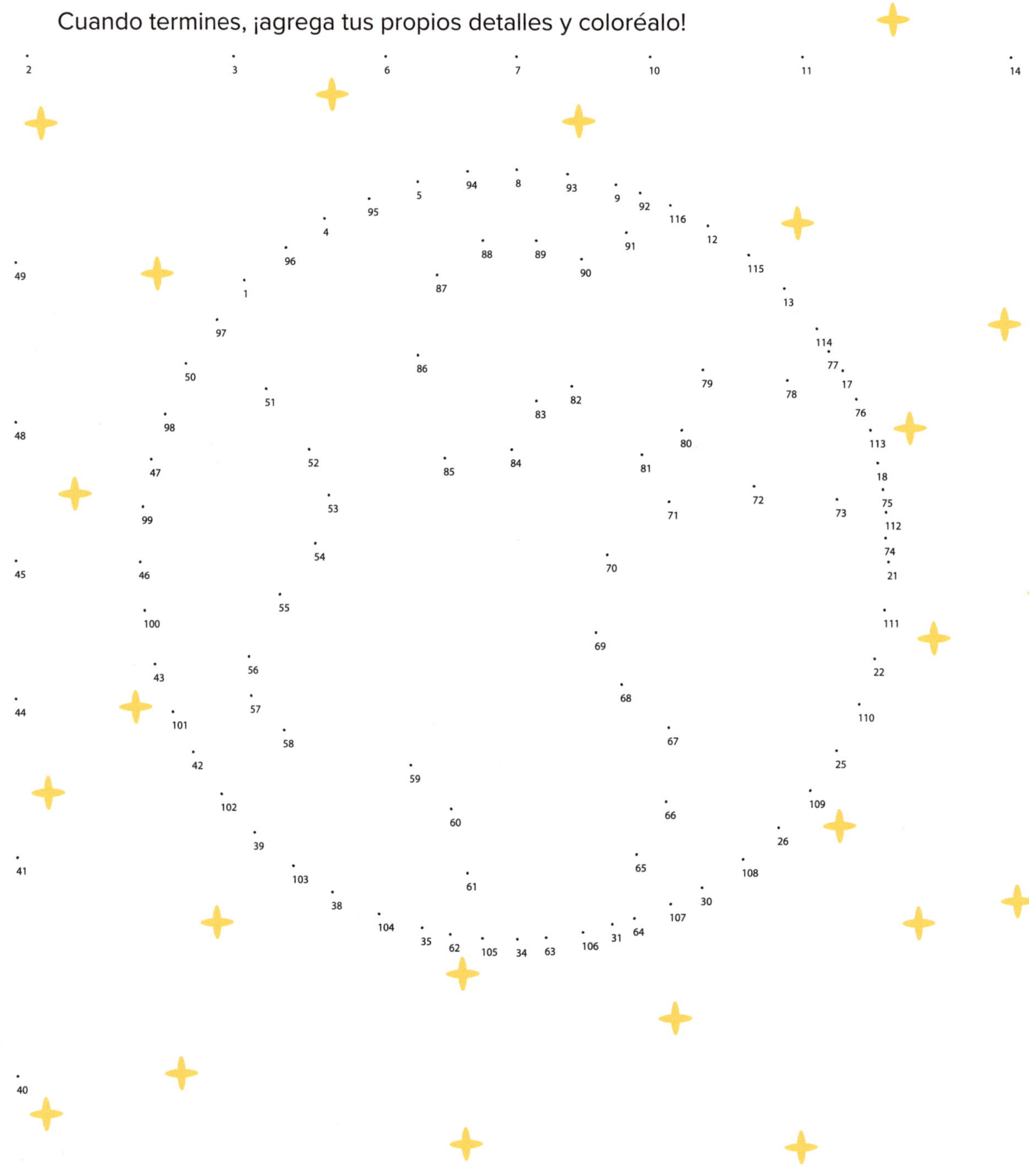

CIELO, MAR Y TIERRA: ¡ENCUENTRA LO QUE **NO** PERTENECE!

¡Dios creó el cielo, el mar y la tierra para que estén llenos de seres vivientes! Fíjate bien en esta imagen y encuentra lo que no pertenece.

*Hay **46 objetos** que no pertenecen al cielo, el mar o la tierra. ¡Fíjate si puedes encontrarlos a todos! Ve a la página 126 para encontrar las respuestas.*

¿DÓNDE COMENZÓ TODO?

¡Dios hizo cosas EXTRAORDINARIAS cuando creó todo el universo de la nada! Usa las pistas para descubrir cuáles de estas palabras galácticas pertenecen a los espacios en blanco.

Pistas:

1 Día de reposo.

2 Sistema con millones o miles de millones de estrellas.

3 Aquello de lo que fue hecho Adán.

4 Cuando la luna se interpone entre la tierra y el sol o cuando la tierra se interpone entre la luna y el sol.

5 Se mueve en órbita alrededor de una estrella.

6 Grupo de planetas que giran alrededor del sol.

7 Que existe desde siempre y para siempre, sin principio ni fin.

8 Patrón distintivo de estrellas en el cielo nocturno.

9 Galaxia donde se encuentra la tierra.

10 Punto brillante en el cielo nocturno.

11 Forma básica de un material, como lo que se encuentra en la tabla periódica.

12 Se mueve en órbita alrededor de un planeta.

13 Pequeño cuerpo rocoso que orbita el sol.

14 Distancia que la luz recorre en un año.

15 Concentración de masa tan densa que nada puede escapar a su atracción gravitacional.

Busca las respuestas en la página 120.

Mensaje oculto:

_ _ _ _ _   _ _   _ _   _ _ _ _ _ _ _ _ _ _

¡TODOS A BORDO!

Imaginémonos que Noé y sus tres hijos: Sem, Cam y Jafet se ocuparon cada uno de cuidar uno de los cuatro niveles del arca. Cada nivel contenía diferentes tipos de **animales**: animales salvajes, ganado, animales que vivían en la tierra y aves.

Observa las pistas debajo y descubre **dónde** vivía cada animal, **quién** se encargaba de ese nivel y **qué día** ese animal se fijaba si estaba lloviendo.

Pistas

1. A la mitad del diluvio, este animal sacó su largo cuello por el tragaluz y vio que seguía lloviendo.
2. Jafet trajo agua de lluvia a la cubierta media para hacer lodo y que los cerdos tuvieran donde revolcarse.
3. Noé se ocupó de mantener a las serpientes lo más lejos posible de las aves.
4. El último día de lluvia, Cam soltó la paloma, la cual vio que estaba cesando la lluvia.
5. Este animal se deslizó hasta la cubierta superior el día 30 para ver si seguía lloviendo.

Utiliza esta tabla para seguir las pistas donde se interceptan los casilleros. Marca con una X donde sabes que la respuesta es incorrecta, y con una ✓ donde sabes que la respuesta es correcta. Ve a la página 123 para ver las respuestas.

	Jirafa	Cerdo	Serpiente	Paloma
T Plataforma del techo				
S Cubierta superior				
M Cubierta media				
I Cubierta Inferior				
Noé				
Sem				
Cam				
Jafet				
10 Día 10				
20 Día 20				
30 Día 30				
40 Día 40				

CREACIÓN DE GARABATOS

Cierra tus ojos y dibuja un garabato al azar sobre la parte en blanco.

Puedes dar vueltas, hacer zigzag, remolinos y entrecruzarlos.

Ahora, tómate un momento y, así como encuentras forma de animales en las nubes, fíjate qué tipo de criaturas puedes imaginar en tu garabato. ¡Agrega detalles y colores y pon nombre a tus creaciones!

MEZCLA Y COMBINA CRIATURAS

¡Inspírate en los animales que se encuentran en esta lista y mezcla diferentes partes de ellos para crear tus propios animales únicos!

Luego, como hizo Adán, ¡pon un nombre a cada uno!

león	rinoceronte	águila	alce	conejo	mantarraya	cisne
elefante	mono	rana	avestruz	pulpo	tiburón	estrella de mar
pingüino	murciélago	hipopótamo	búho	mapache	cerdo	cangrejo
caballo	serpiente	colibrí	ratón	oveja	gallina	cocodrilo
cebra	camello	panda	pavo real	ardilla	llama	delfín

Ejemplo: Orejas de _______, patas de _______, y cuerpo de _______.

EL ARCA DE NOÉ

Usa las letras y conviértelas en animales que encontrarías en el arca de Noé.

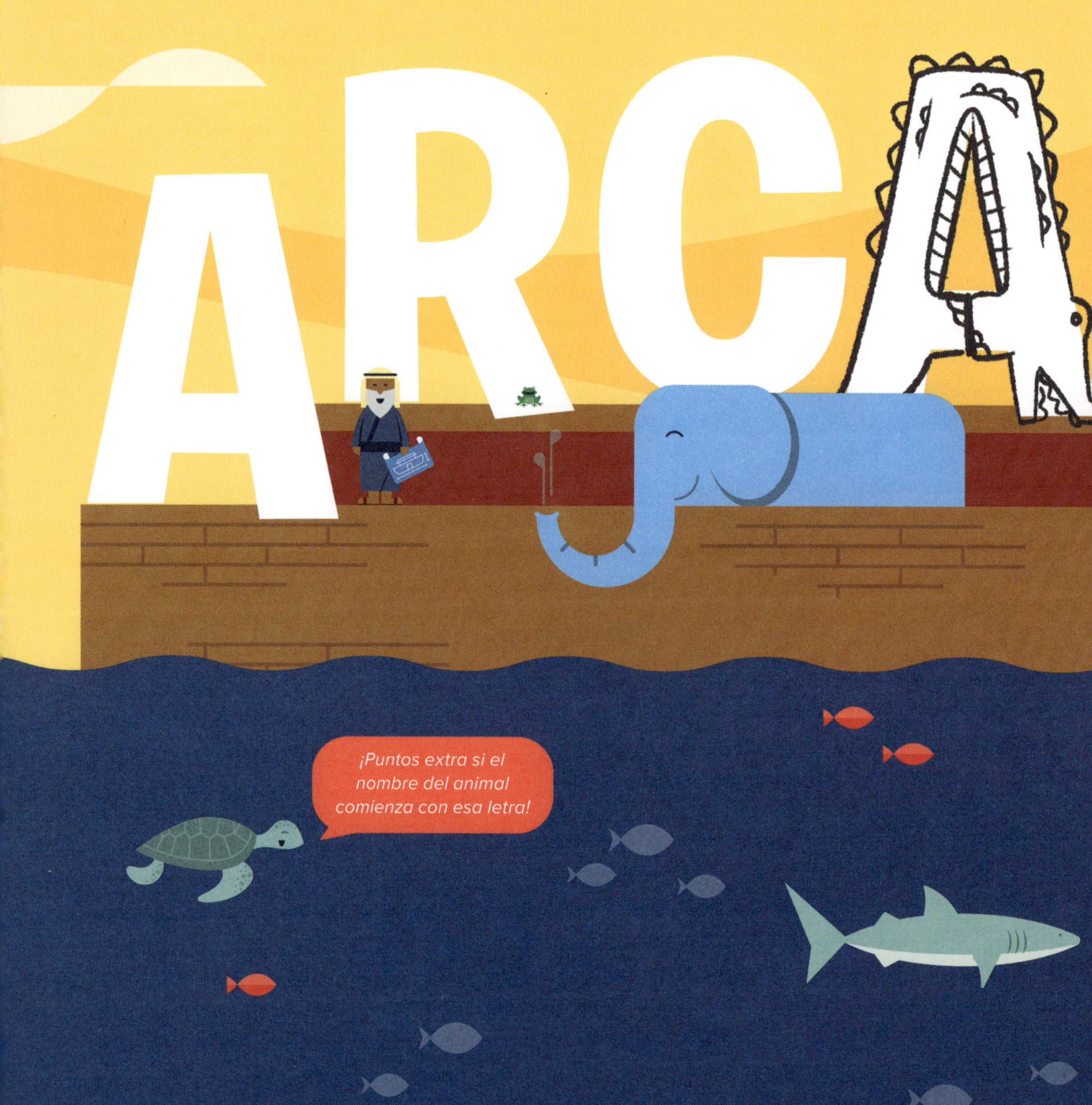

de NOÉ

DIBUJA A BEHEMOT

El libro de Job menciona a una bestia llamada Behemot, pero no sabemos bien lo que era un Behemot. ¿Acaso era un enorme mamut, un búfalo o tal vez un hipopótamo? La Biblia no lo deja claro, pero nos dice algunas cosas:

- come hierba como los bueyes
- fuertes lomos
- un vientre poderoso
- cola como un cedro
- huesos como el bronce
- patas como barras de hierro
- vive en los pantanos
- tan fuerte que resiste la corriente de un río

¿Puedes dibujar un Behemot que coincida con esa descripción?
¿Puedes imaginar a qué se está refiriendo la Biblia?

PONME BARBA

Matusalén fue la persona que más años vivió en toda la historia. ¡Llegó a vivir 969 años!

En algún momento, pudo haberse perdido un poco y no recordar en qué año estaba o de dónde venía y a dónde iba.

¡Ayuda a Matusalén a atravesar el laberinto y encontrar la salida!

!?

Busca la solución en la página 123.

Matusalén celebró muchos cumpleaños ¡Imagina cuántas velitas tuvo que apagar!

Hagamos la cuenta...

969 x 970 ÷ 2 =

¡469 965 velitas!

¡Guau! ¡Esas son muchas velitas! ¡Ahora inténtalo tú!

____ (tu edad) x ____ (tu edad + 1) = ____ (número enorme)

____ (el número enorme) ÷ 2 = ____ (número de velitas)

¿ENTRARÁN TODOS?

¡El arca era lo suficientemente grande para alojar a 55 000 especies de animales! Habrían necesitado bastante organización para que todos entraran en ella.

¿Podrías ayudar a Noé a ordenar los animales en el arca?

Ve a la página 129 y 131 y recorta los bloques de animales. Descubre cómo hacerlos entrar a todos perfectamente en los espacios, sin que se sobrepongan ni queden espacios vacíos.

¡Buen viaje!

FÁCIL

Busca la solución
en la página 126.

DIFÍCIL

VE LA LUZ

Busca la solución en la página 125.

El primer día de la creación, Dios separó la luz de las tinieblas. Aquí puedes observar la misma escena, pero una tiene luz y la otra no.

¡Utiliza tu visión nocturna para encontrar las diferencias!

LUZ Y TINIEBLAS

Encuentra las palabras que describen la luz y las tinieblas.
Resalta las palabras relacionadas con la luz con un color y las palabras relacionadas con las tinieblas o la oscuridad con otro color.

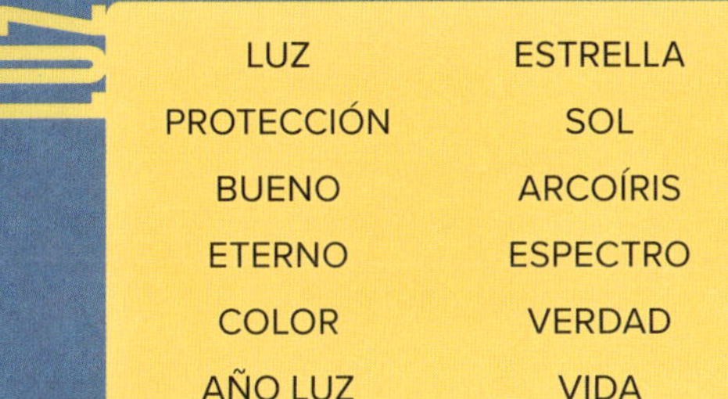

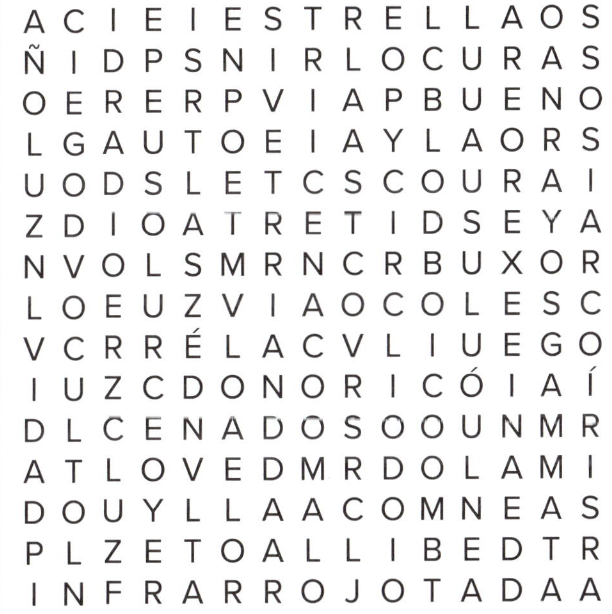

Para encontrar el mensaje secreto, copia las letras que no marcaste. Comienza desde arriba y sigue de izquierda a derecha como leyendo un libro.

!?

Busca la solución en la página 122.

Mensaje secreto:

HAGAMOS UN ARCOÍRIS

¿Sabías que la luz que vemos está formada por todos los colores del arcoíris? Solo que no los vemos todos porque cuando todos los colores se combinan ¡se ve blanco! Sin embargo, hay maneras de poder verlos. Una de ellas es el arcoíris.

Cuando la luz choca con el agua, la luz se refracta (o separa) y forma colores.

R N A V A I V

¡Crea tu propio arcoíris!

Paso 1: Llena un recipiente hasta la mitad con agua.

Paso 2: Pon un espejo en el recipiente y apóyalo en ángulo de modo que la mitad del espejo esté bajo el agua y la otra mitad sobre el agua.

Paso 3: Coloca el recipiente cerca de una ventana o bajo luz directa.

Paso 4: ¡Sostén una hoja de papel o cartulina donde se refleje la luz para poder ver el arcoíris!

¡INCREÍBLE ARCOÍRIS!

¡Encuentra el camino a través del laberinto del arcoíris!

!?

Busca la solución en la página 123.

COLOREA POR NÚMERO

Los colores que vemos en el mundo están hechos de luz.
Pero... ¿y si los colores que solemos ver no son lo que parecen?

Escribe un color diferente al lado de cada número y colorea la imagen según esa guía.

1 ____ 4 ____
2 ____ 5 ____
3 ____ 6 ____ 7 ____

¿QUÉ ES UN AÑO LUZ?

¿Sabías que la luz de las estrellas tarda años en llegar hasta nosotros? Viaja a la velocidad de la luz (¡obvio!), ¡así que en realidad estamos viendo cómo se veían las estrellas en el pasado!

¿Qué vemos en esas galaxias distantes?

El sistema estelar Alfa Centauri está a 4,2 años luz de distancia, por lo que la luz que ven los astrónomos tiene 4,2 años. **¿Qué era de tu vida hace 4 años y 2 meses?** ¿Qué ocurría en el mundo en ese entonces?

El sistema estelar Sirio está a 8,6 años luz de distancia, por lo que la luz que ven los astrónomos tiene 8,6 años. **¿Qué era de tu vida hace 8 años y 6 meses?** ¿Qué ocurría en el mundo en ese entonces?

El sistema estelar Tau Ceti está a 11,9 años luz de distancia, por lo que la luz que ven los astrónomos tiene 11,9 años. **¿Qué era de tu vida hace 11 años y 9 meses?** ¿Qué ocurría en el mundo en ese entonces?

El sol se encuentra a 150 millones de kilómetros de la tierra, que son 0,00001581 años luz. Entonces la luz que vemos tardó 8 minutos y 20 segundos en llegar. **¿Qué ocurría hace 8 minutos y 20 segundos?**

¿DIJISTE UNICORNIO?

La Biblia nos habla de algunos animales fuera de serie. ¿Sabías que el unicornio aparece en la versión Reina Valera Antigua de la Biblia? Y no solo una vez, ¡diez veces!

¡Crea tu propio unicornio!

1 Retira y recorta el papel de origami del unicornio de la página 137.

2 Con el lado de color hacia afuera, dobla el papel en diagonal en ambos sentidos.

3 Dobla los lados una vez y forma un cono de helado al revés.

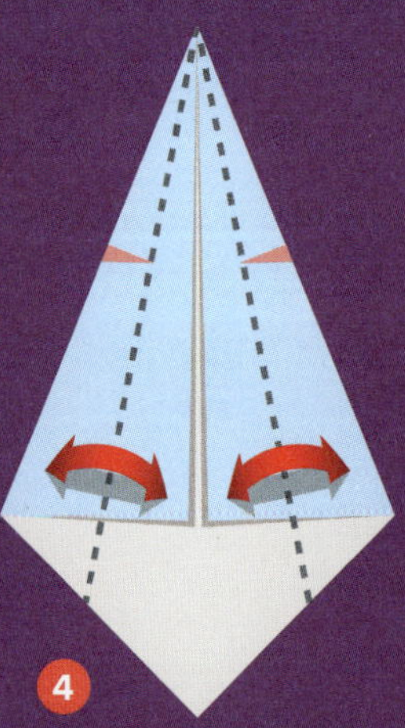

4 Dobla los lados una vez más, ¡y haz un cono aún más delgado! Luego desdóblalo.

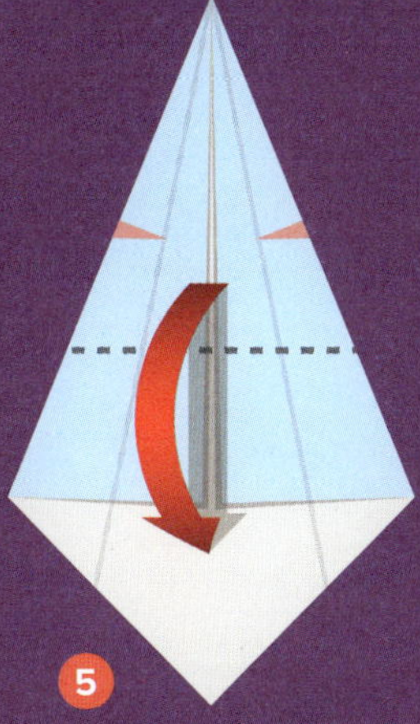

5

Dobla la punta superior hacia abajo para alinearla con la punta inferior.

6

Dobla la punta más pequeña hacia arriba a lo largo de la línea punteada. ¡Este será el cuerno del unicornio!

¡Estos son los pasos complicados!

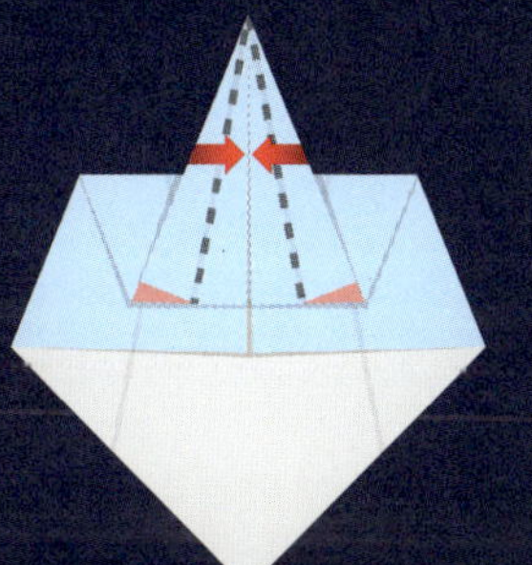

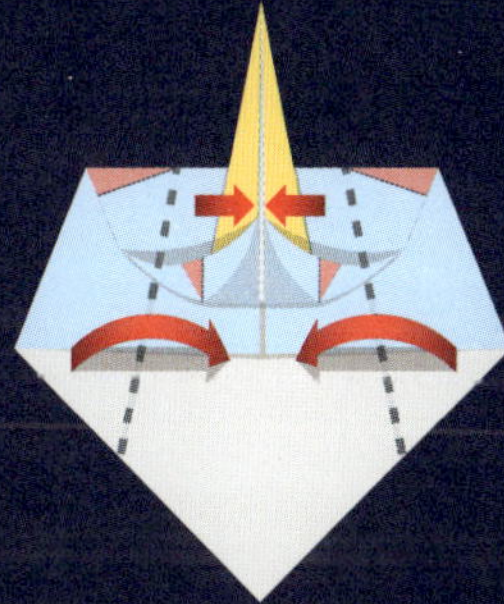

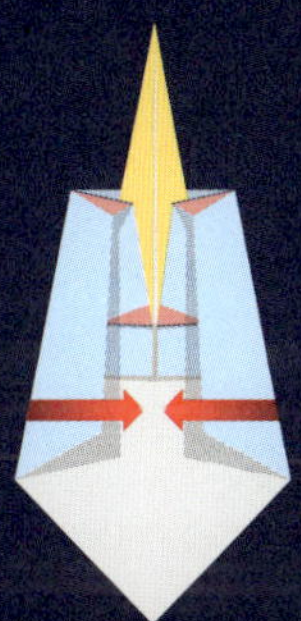

7 Dobla los lados del cuerno hacia el centro. Para hacer esto, deberás doblar los lados que tienen forma de diamante grande al mismo tiempo.

Para que todos los lados queden alineados en el centro, tendrás que hacer cuatro pequeños triángulos nuevos, que están marcados con líneas punteadas en el papel.

8

Usa cinta adhesiva transparente para cerrar la parte de atrás. Dale vuelta y ...

¡LISTO!

¡Aquí está el unicornio!

¿Qué palabra usan otras versiones de la Biblia en vez de "unicornio"? Revisa Números 23:22, Salmos 22:21 y Salmos 92:10 en tu Biblia.

MOISÉS CUADRO POR CUADRO

¡Se descubrió una imagen antigua de Moisés! Ayuda a reconstruirla con este código especia

Azul
A1–A13
A26–A34
B1–B4
B8–B12
B26–B33
C1–C3
C10–C11
C31–C32
D1–D2
D11
E1
E10–E11
F30–F34
G31–G34
H30–H34
I1
I10–I11
J1–J2
J11
K1–K3
K10–K11
K31–K32
L1–L4
L8–L12
L26–L33
M1 – M13
M26–M34

Azul oscuro
C22–C23
E22–E23
G22–G23
H22–H23
I22–I25
K22–K23

Blanco
C21
C24–C30
D21
D24–D29
E21
E24–E30
F21
F24–F29
G21
G24–G30
H21
H24–H29
I21
I24–I30
J21
J24–J29
K21
K24–K30

Marrón oscuro
C16–C20
G19
K16–K20

Amarillo
D3
D22–D23
E3
E12
F3
F13–F14
F22–F23
G3
G13–G15
H3
H13–H14
I3
I12
J3
J22–J23

Marrón
B5–B7
C4–C6
C9
D4–D5
D10
E2
E4
F1–F2
F4
F6
F8
G1–G2
G4
G9
H1–H2
H4
H6
H8
I2
I4
J4–J5
J10
K4–K6
K9
L5–L7

Beige
A14–A25
B13–B25
B34
C7–C8
C12–C15
C33–C34
D6–D9
D12–D20
D30–D34
E5–E9
E13–E20
E31–E34
F5
F7
F9–F12
F15–F20
G5–G8
G10–G12
G16–G18
G20
H5
H7
H9–H12
H15–H20
I5–I9
I13–I20
I31–I34
J6–J9
J12–J20
J30–J34
K7–K8
K12–K15
K33–K34
L13–L25
L34
M14–M25

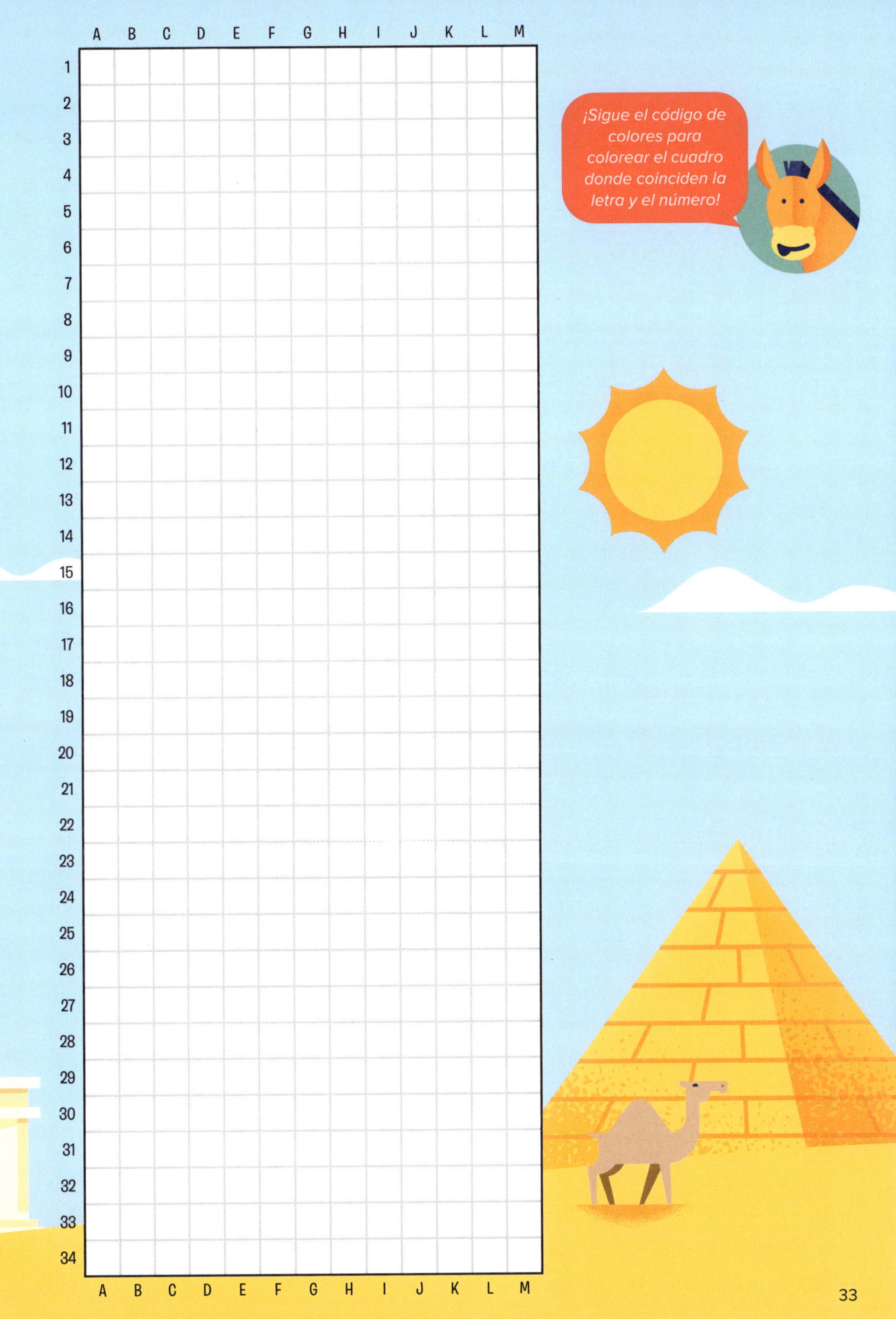
A B C D E F G H I J K L M
1 2 3 4 5 6 7 8 9 10 11 12 13 14 15 16 17 18 19 20 21 22 23 24 25 26 27 28 29 30 31 32 33 34
¡Sigue el código de colores para colorear el cuadro donde coinciden la letra y el número!

LAS PLAGAS DE EGIPTO

La Biblia dice que Dios envió diez plagas para liberar a su pueblo de la esclavitud en Egipto. Ayuda a Moisés a recordar las 10 plagas al descifrar las siguientes palabras...

1. ERGNAS
2. SANAR
3. SOJOIP
4. SACSOM
5. ODANAG
6. SARECLÚ
7. OZINARG
8. SATSOGNAL
9. SALBEINIT
10. OTINÉGOMIRP

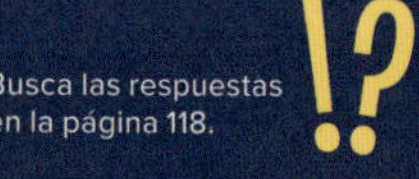

¡Uf!, estas plagas parecen horribles.
¿Cuál de ellas piensas que es la peor?

¿Y si Dios hubiera enviado una onceava plaga? ¿Cuál hubiera sido?

Dibuja tu onceava plaga.

ESCAPE DE EGIPTO

Ahora que Moisés recuerda las 10 plagas, ayuda a los israelitas a escapar de Faraón y los egipcios.

Busca la solución en la página 124.

EL EJÉRCITO DE RANAS

En la segunda plaga, la tierra de Egipto se llenó de ranas. Tal vez pienses que las ranas son geniales, y que quizá una plaga de ranas no sería algo tan malo; pero ¿te imaginas verlas en las calles, en todos los edificios y en cada habitación de tu casa?

¡Hagamos una rana de origami!

1. Retira y recorta el papel para la rana de origami de la página 133.

2. Dobla a lo largo de la diagonal. **Desdobla.**

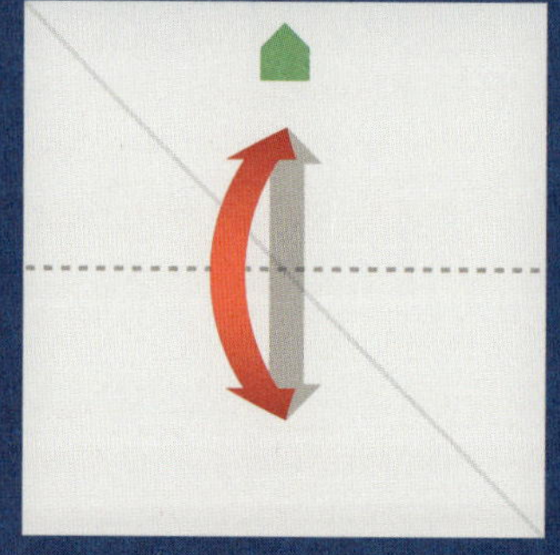

3. Dobla el papel a la mitad. **Desdobla.**

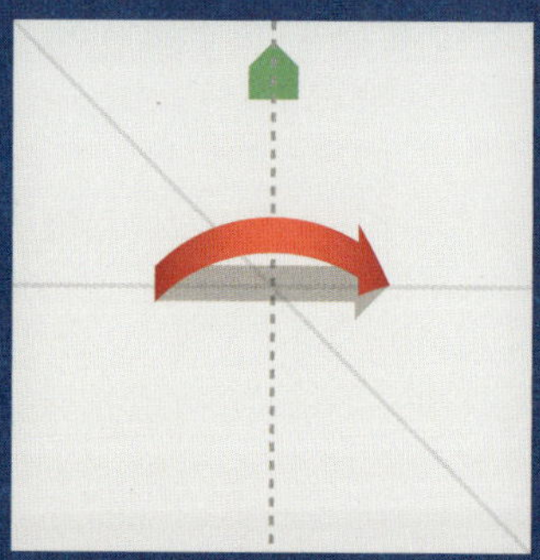

4. Dóblalo por la mitad del otro lado y déjalo doblado por la mitad.

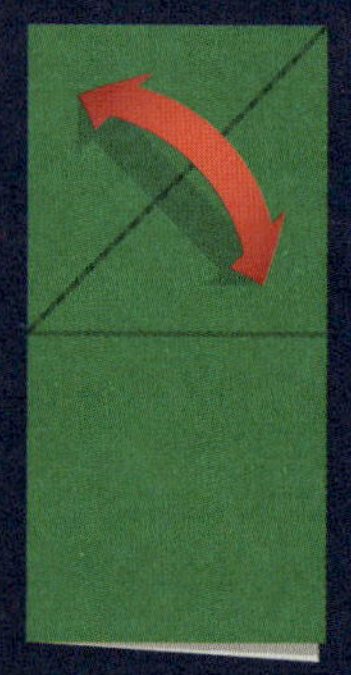

5. Podrás ver un pliegue diagonal en la mitad superior del papel. Dobla a lo largo de esa diagonal. **Desdobla.**

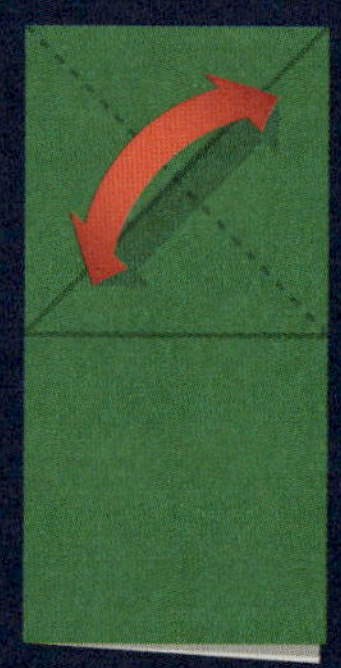

6. Repite en la otra dirección. **Desdobla.**

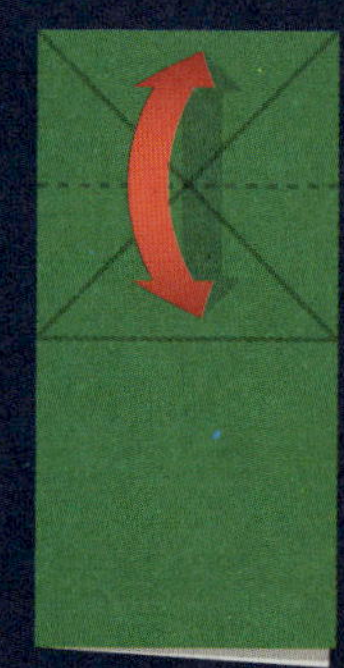

7. Deberías ver una “X” en la mitad superior del rectángulo. Dobla hacia abajo desde la parte superior (en el centro) para que cruce por el centro de la X. **Desdobla.**

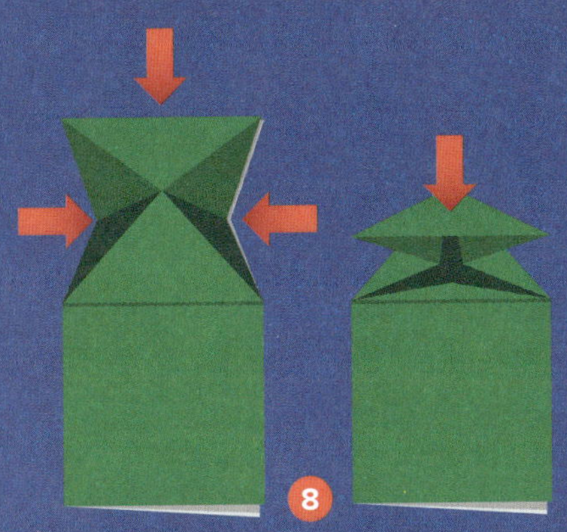

8 Presiona los lados de la "X" hacia adentro y dobla hacia abajo.

(Ahora debería haber un triángulo en la parte superior del papel).

9 En el triángulo de arriba, dobla las esquinas exteriores hasta la parte superior del triángulo.

(Esto formará las patas delanteras de la rana).

10 Deja la sección superior y dobla los dos lados del rectángulo inferior hacia adentro de manera que se encuentren en el medio.

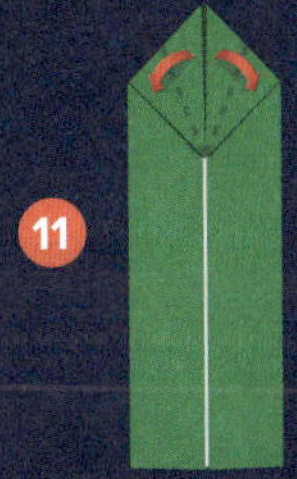

11 En la sección superior, dobla las patas delanteras por la mitad, hacia abajo y hacia afuera.

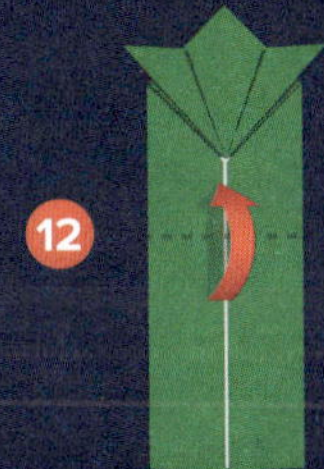

12 Dobla el borde inferior del rectángulo hasta la punta de la nariz.

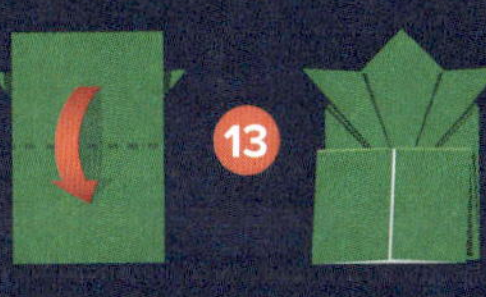

13 Dobla el borde inferior por la mitad hacia abajo.

Dale vuelta. ¡Ya tienes una RANA!

¿Sabías que se llama ejército a un grupo de ranas? ¡Dios envió un ejército de ranas para ayudar a liberar a los israelitas!

Extra:

Si presionas la parte trasera, la rana saltará.

¿TUYO ES, MOISÉS?

De Egipto al desierto, Moisés tuvo una vida de tanta abundancia que no podía llevar todo lo que necesitaba con él.

A continuación, encuentra los artículos ocultos que Moisés habría usado en los diferentes lugares a los que fue. Y asegúrate de encontrar las cosas que usamos hoy, ¡cosas que seguramente le hubiera gustado tener a mano!

Busca la solución en la página 127.

REGLAS FAMILIARES

Dios nos da reglas, pero ¿no sería divertido pensar en reglas también para nuestra propia familia? Diviértete creando algunas reglas imaginarias solo o con tu familia. Completa los espacios en blanco a continuación y copia tus respuestas en la lista de la página siguiente.

1. ____________ Tu apellido
2. ____________ Verbo en infinitivo
3. ____________ Consejo
4. ____________ Tipo de comida o golosina, plural
5. ____________ Pregunta divertida o interesante
6. ____________ Verbo
7. ____________ Verbo
8. ____________ Un familiar
9. ____________ Sustantivo
10. ____________ Persona, plural
11. ____________ Parte del cuerpo
12. ____________ Día festivo
13. ____________ Día de la semana, plural
14. ____________ Alimento de desayuno
15. ____________ Canción favorita o famosa
16. ____________ Personaje de dibujos animados
17. ____________ Verbo
18. ____________ Frase famosa de una película
19. ____________ Adjetivo
20. ____________ Sustantivo, plural
21. ____________ Nombre de superhéroe
22. ____________ Animal inusual, plural
23. ____________ Sustantivo
24. ____________ Sustantivo, plural
25. ____________ Sustantivo, singular
26. ____________ Sustantivo, plural
27. ____________ Verbo
28. ____________ Verbo
29. ____________ Animal de granja, plural
30. ____________ Sustantivo, plural
31. ____________ Tipo de vestimenta
32. ____________ Adjetivo
33. ____________ Tipo de alimento
34. ____________ Verbo
35. ____________ Sustantivo
36. ____________ Frase

REGLAS FAMILIARES DE LOS 1. ________

1. 2. ________ es obligatorio.
2. Siempre di 3. ________ a la gente.
3. Come 4. ________, pregunta 5. ________, no 6. ________, ¡y nunca 7. ________!
4. Anima a tu 8. ________ y comparte su 9. ________.
5. Obedece a tus 10. ________.
6. Utiliza tu 11. ________ en toda circunstancia, incluso en 12. ________ y 13. ________.
7. Demasiada TV es algo malo... una buena porción de 14. ________ es bueno.
8. Canta 15. ________, baila como 16. ________, 17. ________ con regularidad y siempre di "18. ________".
9. Sé 19. ________ en todo tiempo.
10. Guarda tus 20. ________.
11. Siempre ofrécele primero a 21. ________.
12. Nunca abandones a 22. ________.
13. Comparte todo menos tu 23. ________ y tus 24. ________.
14. No te quedes con 25. ________ ni 26. ________ que no te pertenecen.
15. Sé feliz con las cosas que 27. ________ y lo que otros 28. ________.
16. Aprovecha los 29. ________ buenos/as; ignora los/as 30. ________ malos/as.
17. Bendice tu 31. ________, sé 32. ________, come 33. ________, limpia lo que 34. ________, y ordena tu 35. ________.
18. Recuerda siempre decir "36. ________".

"Yo y mi casa serviremos a Jehová".
Josué 24:15

¡Gracias Dios por esta familia!

¡CON DIOS TODO ES POSIBLE!

Elías corrió más rápido que una carroza con la ayuda de Dios. Una carroza puede alcanzar una velocidad de 55 a 65 kilómetros por hora.

¿Podrías correr más rápido que una carroza? Seguro no. ¡Pero veamos cuán rápido podrías correr!

Pide a tus padres que te lleven a una pista de atletismo. Calcula el tiempo que tardas en correr, lo más rápido que puedas, 400 metros (una vuelta alrededor de la pista). Luego completa este cuestionario para obtener la respuesta.

Corrí 400 metros en ______ **minutos y** ______ **segundos.**

1. **Multiplica tus minutos por 60.** ______ minutos **x 60 =** ______ segundos

2. **Ahora agrega ese valor a tus segundos.** ______ segundos **+** ______ segundos **=** ______ segundos
(Esto te mostrará la cantidad de segundos que te llevó correr 400 metros).

3. **Ahora multiplica tus segundos por 2,5.** ______ segundos **x 2,5 =** ______ segundos
(Esto te mostrará la cantidad de segundos que te lleva correr un kilómetro).

4. **Divide entre 60.** ______ segundos **÷ 60 =** ______ minutos
(Esto lo convierte de nuevo a minutos).

5. **Finalmente, divide 60 por tus minutos.** **60 ÷** ______ minutos **=** ______ km/h.

¡Ahora dibújate en la infografía!

Tortuga **6,5 km/h**	Nombre: **Velocidad:**	Usain Bolt (el hombre más veloz del mundo) **45 km/h**	Carroza **55-65 km/h**

Entonces... ¿eres más rápido que una tortuga?

 **Sí**  **No**

¡Dios también realizó proezas asombrosas con otros personajes de la Biblia! Preferirías ser como...

Pedro

que caminó sobre el agua

Felipe

que fue teletransportado 30 kilómetros en un instante

Sansón

que tenía una fuerza sobrehumana y derribó un templo

TRIVIA ÉPICA BÍBLICA

Intenta responder estas desafiantes preguntas de la trivia para ver cuántas puedes acertar solo. O reúne a tu familia, algunos amigos o toda tu iglesia y organicen una noche de trivia.

No olviden servir pizza.

Reglas para la trivia

1. No se permite el uso de celulares o dispositivos electrónicos.
2. Decidir por adelantado si se puede usar la Biblia.
3. ¡Recuerda divertirte! Si no sabes una respuesta, está bien... ¡sugiere alguna!

PERSONAJES DE LA BIBLIA

1. **¿Qué personaje de la Biblia tuvo un burro parlante?**
2. **¿Qué personaje de la Biblia vivió más años?**
   Puntos adicionales: ¿Cuántos años vivió?
3. **¿Qué mujer se menciona con más frecuencia en la Biblia?**
4. **¿Quién fue el hijo de Abraham y Sara?**
   Puntos adicionales: ¿Qué significa su nombre?
5. **¿Qué personaje de la Biblia no murió, sino que fue llevado al cielo en una carroza de fuego?**

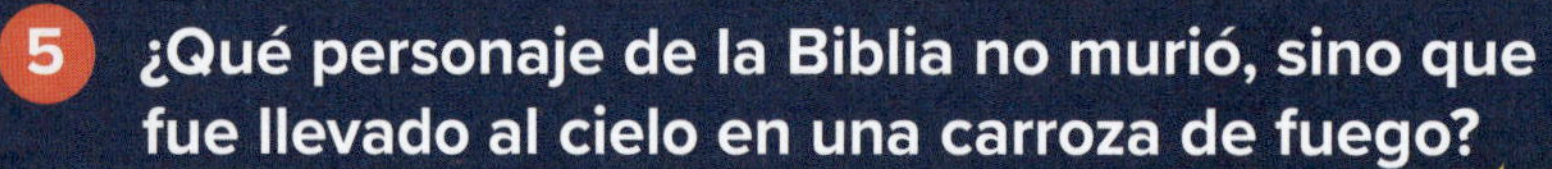

6. **¿Qué personaje de la Biblia fue mordido por una serpiente después de naufragar?**

Busca las respuestas en la página 121.

7 ¿Cómo se llama la única juez mujer?

8 ¿A quiénes arrojaron a un horno de fuego por no inclinarse ante un ídolo? *¡Puntos extra si escribes sus nombres correctamente!*

LA BIBLIA

9 ¿Cuántos libros hay en la Biblia?

10 ¿En qué idioma fue escrito la mayoría del Antiguo Testamento?

11 ¿Cuál es el décimo libro de la Biblia?

12 La Biblia tiene 1189 capítulos. ¿En qué libro está el capítulo número 595 (el capítulo de la mitad de la Biblia)?

13 ¿Cuál es el capítulo más largo de la Biblia?
Puntos adicionales: ¿Cuántos versículos tiene ese capítulo?

14 ¿Cuál es el libro más corto de la Biblia?

15 ¿Quién escribió más palabras en el Nuevo Testamento?

16 ¿Cuál es el penúltimo libro de la Biblia?

LUGARES DE LA BIBLIA

17 **A Jonás se lo tragó un gran pez cuando desobedeció el mandato de Dios de ir a... ¿dónde?**

18 **¿Dónde nació Jesús?** *Puntos adicionales: ¿En qué libro del Antiguo Testamento se profetizó acerca de ese lugar?*

19 **¿A dónde huyeron María, José y Jesús después de su nacimiento?**

20 **¿Dónde se le apareció Jesús a Pablo?**

21 **¿Qué ciudad conquistaron Josué y los israelitas cuando marcharon alrededor de ella e hicieron sonar cuernos de carneros?**

22 **¿Dónde recibió Moisés los Diez Mandamientos?**

23 **¿Dónde reposó el Arca de Noé?**

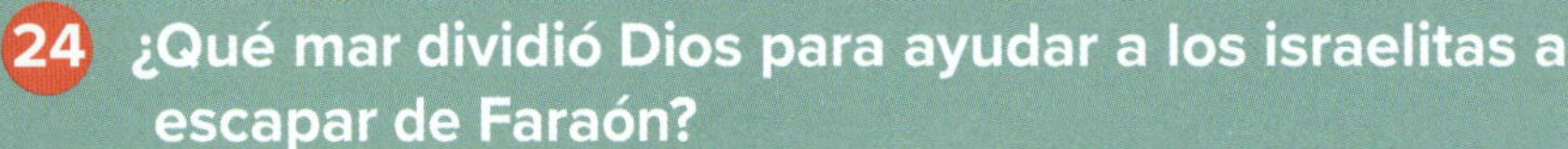

24 **¿Qué mar dividió Dios para ayudar a los israelitas a escapar de Faraón?**

POPURRÍ

Estas son las preguntas que huelen bien... Es broma: más bien son una mezcla de muchas cosas.

25 **¿Qué hizo Dios en el sexto día de la creación?**

26 **¿Cuál fue la segunda plaga de Egipto?**

27 **¿Cuáles eran los tres elementos dentro del Arca del Pacto?**

28 **Jesús dijo a Pedro que fuera a pescar, y que en la boca del primer pez que pescara encontraría ¿qué cosa?**

29 **¿Sansón usó la quijada de qué animal para derrotar a mil hombres?**

30 **¿Qué instrumento tocaba David?**

31 **¿Qué regalos le trajeron los magos al niño Jesús?**

32 **¿Cuántos discípulos escogió Jesús para que fueran con él?**
Puntos adicionales: ¿Cuál de ellos era recaudador de impuestos?

Busca las respuestas en la página 121.

!?

INTERPRETACIÓN DE SUEÑOS

El rey Nabucodonosor tuvo un sueño desconcertante, y nadie en su reino pudo interpretárselo. ¡Fíjate si puedes ayudarlo!

Elije una palabra para cada uno de los espacios en blanco, y luego agrégalos a la historia en la página siguiente.

1. ______ Verbo, pasado
2. ______ Verbo, infinitivo
3. ______ Trabajo/profesión
4. ______ Trabajo/profesión
5. ______ Trabajo/profesión
6. ______ Trabajo/profesión
7. ______ Cualidad en una persona
8. ______ Adjetivo
9. ______ Adjetivo
10. ______ Material o ingrediente
11. ______ Material o ingrediente
12. ______ Material o ingrediente
13. ______ Material o ingrediente
14. ______ Material o ingrediente
15. ______ Objecto, singular
16. ______ Adjetivo
17. ______ Sustantivo, singular
18. ______ Lugar
19. ______ Adjetivo
20. ______ Adjetivo
21. ______ Verbo, pretérito
22. ______ Verbo, futuro

Dios me reveló lo que realmente significaba el sueño de Nabucodonosor. ¡Puedes leer sobre esto en Daniel 2!

En el segundo año de su reinado, Nabucodonosor tuvo varios sueños, que lo 1. ______ y no lo dejaban 2. ______. Por eso, el rey llamó a los 3. ______, 4. ______, 5. ______, y 6. ______ para que le explicaran lo que había soñado.

Entonces el rey preguntó a Daniel: "¿Podrás tú hacerme conocer el sueño que vi, y su interpretación?".

Daniel respondió: "A mí me ha sido revelado este misterio, no porque en mí haya más 7. ______ que en todos los vivientes, sino para que se dé a conocer al rey la interpretación [de su sueño]".

"Esta imagen, que era muy 8. ______... estaba en pie delante de ti, y su aspecto era 9. ______. La cabeza de esta imagen era de 10. ______ fino; su pecho y sus brazos, de 11. ______; su vientre y sus muslos de 12. ______; sus piernas, de 13. ______; sus pies, en parte de 13. ______ y en parte de 14. ______. Estabas mirando, hasta que una 15. ______ fue cortada... e hirió a la imagen en sus pies de hierro y de barro cocido, y los desmenuzó... y se los llevó el viento sin que de ellos quedara rastro alguno. Mas la 15. ______ que hirió a la imagen fue hecha un 16. ______ 17. ______ que llenó toda la 18. ______.

"Este es el sueño; también la interpretación... Tú, oh rey, eres ... aquella cabeza de 10. ______. Y después de ti se levantará otro reino inferior al tuyo; y luego un tercer reino de 12. ______, el cual dominará sobre toda la 18. ______. Y el cuarto reino será fuerte como 13. ______; y... desmenuzará y quebrantará todo. Y lo que viste de los pies y los dedos, en parte de 14. ______ y en parte de 13. ______, será un reino dividido; ... el reino será en parte 19. ______, y en parte 20. ______.

"El Dios del cielo levantará un reino que no será jamás 21. ______, ni será el reino dejado a otro pueblo; 22. ______ y consumirá todos estos reinos pero él permanecerá para siempre".

DIARIO DE SUEÑOS

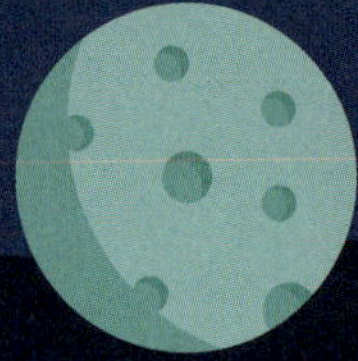

Dios dio a Daniel la habilidad de interpretar ciertos sueños que hablaban del futuro.

Nuestros sueños pueden ser solo el resultado de la pizza que cenamos, pero aun así es divertido pensar en nuestros sueños.

En este diario de sueños, escribe o dibuja lo que sueñes esta semana.

...zZZ

LEYES DE FAMILIA... MÁS BIEN PAUTAS

¡Dios nos da algunas reglas y leyes muy importantes que debemos cumplir!

Desde los Diez Mandamientos (Éxodo 20:1–17), la regla de oro (Mateo 7:12), hasta el mandamiento más importante (Mateo 22:36–40), parece una buena idea tener algunas pautas en nuestra vida.

Entonces, ¿qué pasa con algunas reglas familiares? Cuando unificamos criterios, todos nos beneficiamos y eso puede ayudarnos a seguir las instrucciones de Dios.

¿Qué reglas pueden inventar tú y tu familia? Escríbelas aquí:

II. Amar a Jesús y a los demás.

III. Tener sentido del humor.

IV. Siempre compartir la pizza.

V. No despertar a mamá cuando duerme siesta.

HAZ UN **CUERNO** COMO EL DE **JERICÓ**

Dios dijo a los israelitas que marcharan alrededor de la ciudad amurallada de Jericó una vez al día durante seis días. El séptimo día debían marchar alrededor de ella siete veces, y cuando los sacerdotes tocaran sus trompetas las paredes se derrumbarían.
¡Qué forma más descabellada de ganar una batalla!

Las trompetas que se usaban en ese tiempo se llamaban shofar, y por lo general estaban hechos de cuernos de carnero.

¡Vamos a hacer tu propio shofar!

Materiales

2 hojas de papel *(preferiblemente grueso como cartulina o cartón).*
Cinta adhesiva.
Cosas para decorar *(marcadores, crayones, etiquetas adhesivas, brillantina, etc.).*

Instrucciones

1. Enrolla una de las hojas de papel a lo largo en forma de cono. Usa algunos trozos de cinta para mantener el papel en esa forma.
2. Enrolla la segunda hoja en un tubo. Pégalo con cinta adhesiva. **IMPORTANTE:** El tubo debe ser suficientemente ancho para que quepa la parte ancha del cono.
3. Coloca el tubo sobre la parte ancha del cono y luego inclínalo en ángulo para imitar el cuerno de un carnero. Pega las dos hojas de papel.
4. Decora tu trompeta como quieras. ¡Anímate a ser extravagante!
5. ¡Que resuene la trompeta!

BATALLA DE LAS CASILLAS

La Biblia está llena de batallas, y una gran parte de ellas fue en tierra o un territorio. ¡Descubre si puedes vencer a tus amigos en este juego!

1. Juega a piedra, papel o tijera para ver quién va primero.
2. Cada jugador debe tomar un turno y conectar dos puntos, ya sea de arriba hacia abajo o de lado a lado (no diagonal).
3. Si completas una casilla, pones tu inicial o una marca para mostrar que esa es una de tus casillas.
4. Por cada casilla que completas, además obtienes otro turno gratis. ¡Quien complete más casillas gana!

DECODIFICADOR DE BURRO

¿Recuerdas ese pasaje de la Biblia cuando el asna de Balaam habló?

¡Eso fue de locos! ¡Ahora imagina que los burros pueden escribir!

No imagines más, pues hemos creado nuestro propio alfabeto burro. Úsalo para decodificar los mensajes de nuestro amigo burro, ¡tal vez incluso aprendas algo sobre él!

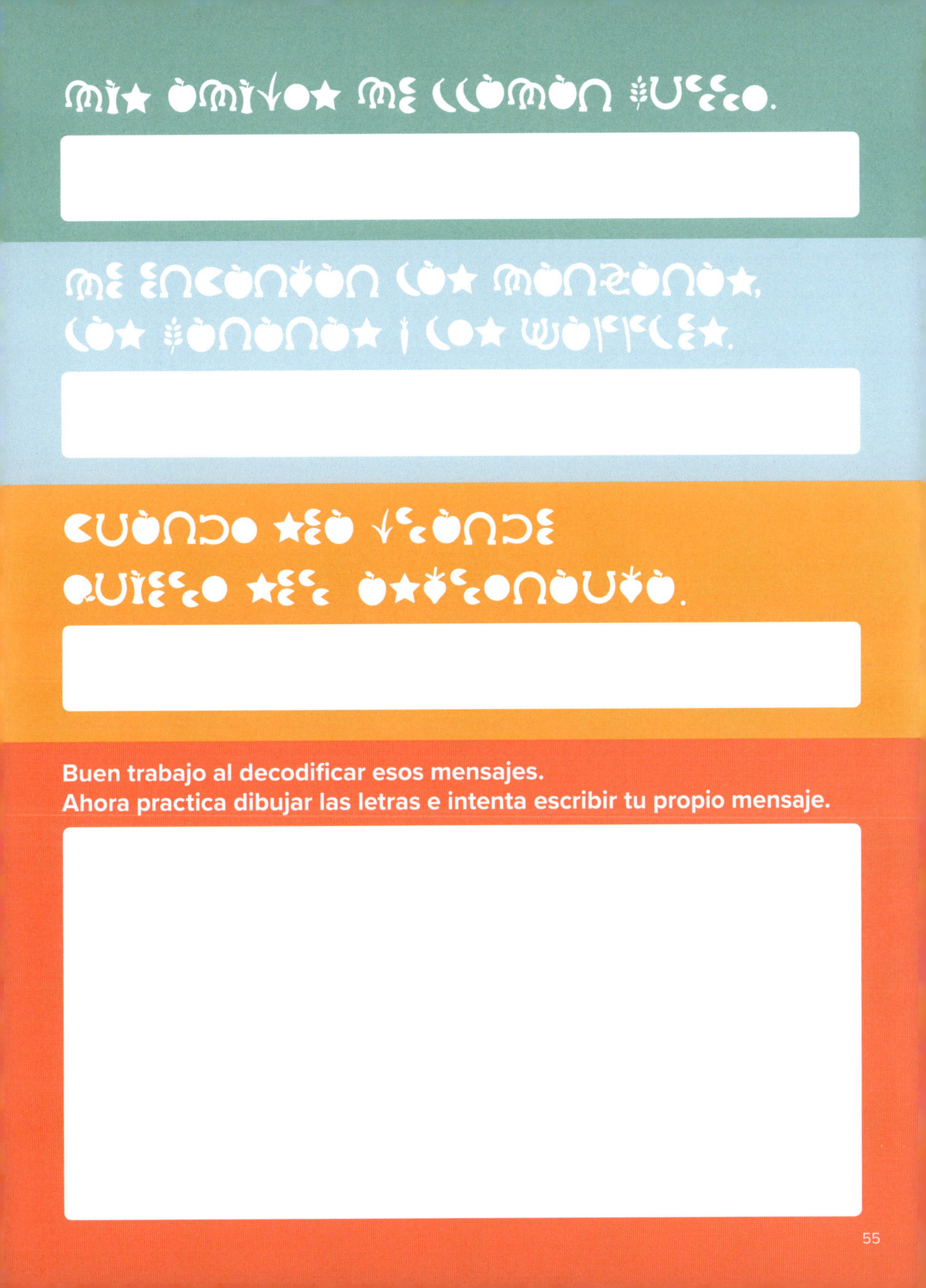

Buen trabajo al decodificar esos mensajes.
Ahora practica dibujar las letras e intenta escribir tu propio mensaje.

¿ACASO DESAPARECIÓ BURRO?

¡No, claro que no! Pero debe andar perdido por algún lugar.

Ayuda a encontrar a Burro en todos los lugares donde ha estado y fíjate si puedes encontrar las cosas que ha escondido.

Busca la solución
en la página 127.

LA TÚNICA MULTICOLOR DE JOSÉ

La Biblia dice que José era el hijo favorito de Jacob (¡Uy, mejor no preguntes a tus padres quién es su hijo favorito!) y que Jacob le regaló un abrigo muy especial. Diferentes versiones de la Biblia lo describen como...

una túnica de diversos colores • una túnica muy elegante • una hermosa túnica
una capa de muchos colores • una ropa de diversos colores

¿Cómo te imaginas ese abrigo especial?

¿QUÉ IMPORTANCIA TIENE EL NOMBRE?

Cuando la Biblia menciona el nombre de alguien, a veces también menciona su significado. Y el significado a menudo revela algo sobre cómo era esa persona o lo que Dios quería que hiciera. Dios hizo una promesa a Abram y a su esposa Saraí de que Él levantaría su nación a partir de sus descendientes, y luego Dios cambió el nombre de cada uno. Abram se convirtió en Abraham, que significa "padre de muchas naciones", y Saraí se convirtió en Sara, que significa "madre de naciones".

¿Qué significa tu nombre?

TU NOMBRE:	SIGNIFICADO:

¿Y el nombre de los miembros de tu familia?

NOMBRE:	SIGNIFICADO:
NOMBRE:	SIGNIFICADO:
NOMBRE:	SIGNIFICADO:
NOMBRE:	SIGNIFICADO:
NOMBRE:	SIGNIFICADO:
NOMBRE:	SIGNIFICADO:
NOMBRE:	SIGNIFICADO:

¿Alguno de los significados que descubriste te confirma algo sobre el carácter de esa persona?

ZIZI...

Los sueños formaron una parte importante de la historia de José. Ahora, imagina si fueras tú quien interpretara los sueños del faraón. Elige palabras de la lista y luego agrégalas a los párrafos en la siguiente página. ¡Que comience la diversión!

1.	Lugar	13.	Verbo, pretérito
2.	Lugar/Cuerpo de agua	14.	Sustantivo, plural
3.	Número	15.	Verbo, pretérito
4.	Animal, plural	16.	Sustantivo
5.	Adjetivo	17.	Adjetivo
6.	Adjetivo	18.	Adjetivo
7.	Verbo en pasado	19.	Adjetivo
8.	Sustantivo	20.	Adjetivo
9.	Adjetivo	21.	Adjetivo
10.	Adjetivo	22.	Sustantivo
11.	Adjetivo	23.	Nombre de un grupo de personas
12.	Lugar		

*Un **verbo** describe una acción (como cantar, conducir, galopear o amar).*

Entonces Faraón dijo a José: En mi sueño me parecía que estaba a la 1. del 2. ; y que del 2. subían 3. 4. de 5. y 6. , que 7. en el 8. . Y que otras 3. 4. subían después de ellas, 9. y de 10. ; tan 11. , que no he visto otras [4.] semejantes en fealdad en toda la tierra de 12. .

Y las 4. 9. y de 10. 13. a las 3. primeras 4. de 5. ; y estas entraban en sus entrañas [o sea, las 13.], mas no se conocía que hubiesen entrado, porque la apariencia de las 11. era aún mala, como al principio. Y yo desperté.

Vi también soñando, que 3. 14. 15. en una misma 16. , 17. y 18. . Y que otras 3. 14. 19. , 20. , 21. del 22. solano, 15. después de ellas; y las 14. 19. 13. a las 3. 14. 18. ; y lo he dicho a los 23. , mas no hay quien me lo interprete.

...zzZ

No te preocupes si no suena bien, puedes leer la historia real en Génesis 41:15-24.

ASUNTO PELIAGUDO: SANSÓN Y DALILA

Sansón cuidaba mucho su cabello. De hecho, ¡era muy estricto al respecto! Dalila se enteró de que su cabello era el secreto de su fuerza, así que cuando se quedó dormido en uno de sus encuentros que terminó mal, le hizo rapar la cabeza.

¡Dibuja un nuevo corte de cabello que se te ocurra cuando Sansón tenga otra vez su melena!

Observa estos cortes de cabello para inspirarte.

NO SE TRATA DE DINERO

Cuando Salomón se convirtió en rey, Dios ofreció concederle lo que quisiera. Salomón, humildemente, le pidió sabiduría. Dios quedó muy complacido y le dio mucha sabiduría, ¡y riqueza inaudita también!

¡El patrimonio neto de Salomón sería de unos 2,2 billones de dólares de hoy! ¿Cuántos ceros hay en 2,2 billones?

¿Qué harías tú con 2,2 billones de dólares?

¿A dónde viajarías?

Dibuja la casa de tus sueños.

	Salomón uso su riqueza para construir un templo para Dios y un palacio para él.		Llena los espacios en blanco de tu casa.
	 **TEMPLO DE DIOS**	**PALACIO DE SALOMÓN**	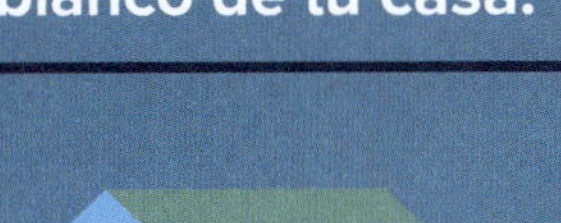  **TU CASA**
	250 m²	**1045 m²**	m² = __________ (pregunta a tus padres)
 **ÁREA EQUIVALENTE EN PIZZAS**	**1934** PIZZAS 	**8057** PIZZAS 	¿Cuántas pizzas necesitarías para cubrir toda tu casa?  *Un dato... una pizza de 40 cm cubre alrededor de 0,13 m²!* metros cuadrados ____ ÷ 0,13 = ____ PIZZAS
 **MATERIALES**	Construido con maderas exóticas, como cedro, olivo y abeto; el diseño se inspiraba en el Huerto del Edén. 	Revestido en cedro y **300** escudos de oro. Los recipientes estaban hechos de oro.	¿Qué materiales especiales utilizarías tú para construir una casa? *Me gustaría una casa hecha de malvaviscos.* 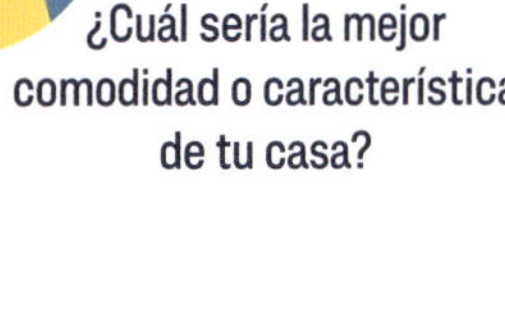
COMODIDADES	El Lugar Santísimo estaba cubierto con una cantidad de oro que se valora en **42 millones** de dólares. 	Un trono de marfil revestido de oro. 	¿Cuál sería la mejor comodidad o característica de tu casa?

LOGROS REALES

Josías fue coronado rey de Judá cuando solo tenía 8 años. (Imagínate que hoy coronaran a un niño de tercer grado. ¡Uf!).

Durante su reinado, Josías trabajó activamente para combatir la idolatría. ¡Eso lo convirtió en el rey más admirable de Judá!

Tal vez tú serías un gobernante admirable también.

¿Cómo sería eso?

¿Qué reglas establecerías?

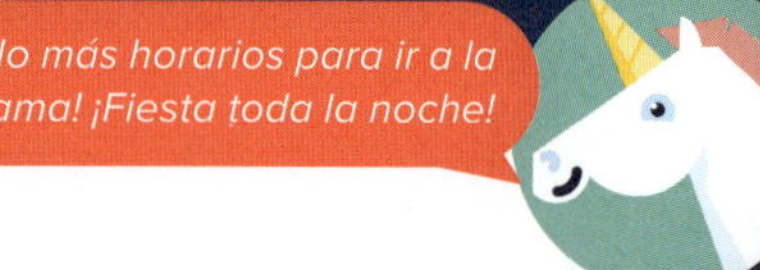

¿Qué reglas eliminarías?

¿A quién más pondrías a cargo? ¿De qué?

¿Qué días festivos nuevos agregarías al calendario?

¿Qué comerías de manera cotidiana?

CUESTIONARIO **REAL** SORPRESA

¡Un reino de preguntas para mentes inclinadas al saber! Veamos cuánto sabes acerca de los famosos (¡e infames!) reyes de Israel (el reino del norte) y Judá (el reino del sur).

1. ¿Quién ungió a Saúl como rey?

- A Jesús
- B Isaías
- C Abraham
- D Samuel

2. David venció a Goliat con...

- A Una espada
- B Un banjo
- C Una honda
- D Una invitación formal a su asado anual de verano

3. ¿Cuál sería el patrimonio neto de Salomón hoy?

- A 3 cabras y 5 cerdos
- B 2,2 billones de dólares
- C 1 caja fuerte llena de oro
- D 80 Ferraris y un carrito de comida

4. ¿Qué edad tenía Joás cuando fue coronado rey?

- A 7 años
- B 18 meses
- C 77 años
- D 600 años
- E Preferiría no decirlo; es un tema delicado.

5. Josías llegó a ser...

- A El rey más admirable de Judá
- B El mejor bailarín de *hip hop* del mundo
- C Un artista brillante y adelantado
- D El mejor discípulo de Jesús

6. Manasés fue el rey de Judá que se mantuvo más tiempo ______.

- A bajo el agua
- B sin cortarse las uñas
- C en el trono
- D exiliado

7. Acab fue el ________ rey de Israel.

- A más gracioso
- B peor
- C mejor
- D más necio
- E más atractivo

8. Jeroboam II fue el rey de Israel ________ .

- A con reinado más corto
- B más amable
- C con reinado más largo
- D que peor olía
- E más enojado

Busca las respuestas en la página 121.

LÓGICAMENTE DIVERTIDO

Los reyes (y una reina) de Israel y Judá reinaron por un total de 414 años. Algunos alcanzaron excelentes logros para el reino de Dios, pero la mayoría tuvo fracasos terribles (doloroso... pero cierto).

Podría ser útil conocer mejor a algunos de esos reyes. Tienes la misión de averiguar qué **rey** es **hijo** de qué rey, en qué **época** reinó y quién era el **profeta** en ese momento.

Indicaciones

1. Utiliza las pistas para resolver el enigma. En la tabla de la página siguiente lleva un regis
2. Marca con una X donde sabes que hay una respuesta incorrecta y una ✓ donde sabes c hay una respuesta correcta.
3. Utiliza el proceso de eliminación para ayudar a reducir las respuestas posibles.

Lee los versículos, ¡la Biblia te dará la ayuda que necesitas!

Pistas

1. El hijo de Amón, el rey más joven de Judá (que tenía solo 8 años cuando se convirtió en rey), reinó en 640 a. C. (2 Reyes 22:1).
2. El rey más reciente fue el último rey del linaje de Jesús. Jeremías profetizó que ninguno de sus descendientes gobernaría en Judá (Jeremías 22:24–30).
3. El hijo de Omri, conocido como el peor rey de Israel, reinó durante la época del profeta Elías (1 Reyes 22:37–40).
4. Natán era profeta en el tiempo cuando este padre e hijo reinaban en el reino unido de Israel, antes que los reinos se dividieran en el 930 a. C. (1 Reyes 2:10–12).

Lee las pistas con mucho cuidado (¡y más de una vez!). Muchas pistas tienen más de una respuesta oculta que te ayudará.

Busca las respuestas en la página 123.

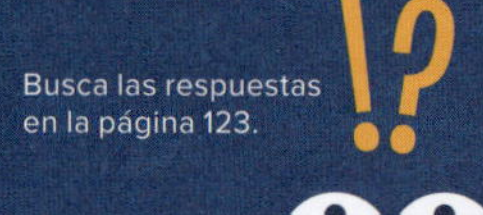

"a. C." cuenta los años hacia atrás. A partir de "d. C." se empiezan a contar los años hacia adelante.

	Acab	Salomón	Joaquín de Judá	Josías
1010 a. C.				
870 a. C.				
640 a. C.				
595 a. C.				

Amón				
David				
Joacim				
Omri				

Elías				
Habacuc				
Jeremías				
Natán				

PALABRAS DE LOS SALMOS

Salmos es un libro lleno de alabanzas a Dios. ¿Alguna vez te preguntaste qué palabras aparecen con más frecuencia en los Salmos? ¡Encuéntralas a continuación!

JEHOVÁ	MANO	HOMBRE	CANTAD	PUEBLO
DIOS	TIERRA	MALDAD	PERMANECE	JUSTO
AMOR	NOMBRE	DÍA	GRANDE	HIJOS
ALABANZA	MAL	CORAZÓN	ALMA	DAD
TEMOR	SIEMPRE	TODOS	MISERICORDIA	

D	D	A	I	H	J	P	T	J	W	V	A	D	J	S
Q	I	A	G	O	A	V	E	T	E	I	M	Í	U	I
M	O	L	C	M	J	Y	S	R	G	M	O	A	S	E
M	S	A	A	B	M	E	U	I	M	R	R	N	T	M
I	Z	B	N	R	J	A	H	H	E	A	A	A	O	P
S	D	A	T	E	V	G	N	O	A	M	N	N	J	R
E	A	N	A	Z	D	S	W	O	V	Q	P	E	D	E
R	D	Z	D	N	O	M	B	R	E	Á	B	R	C	E
I	O	A	P	U	E	B	L	O	D	R	G	L	E	E
C	T	O	D	N	T	I	E	R	R	A	B	D	F	W
O	M	O	H	M	A	L	D	A	D	F	C	M	N	Q
R	A	F	D	I	N	C	O	R	A	Z	Ó	N	A	B
D	L	U	K	O	A	L	M	A	M	L	M	P	R	Q
I	Q	V	Y	V	S	P	Y	K	B	S	H	L	S	B
A	B	A	H	I	J	O	S	K	B	T	E	M	O	R

!?

Busca la solución en la página 122.

¿Cuál es tu versículo favorito de los Salmos? Escríbelo aquí:

¿Tu versículo favorito usa algunas de las palabras de la sopa de letras? ¿Cuáles?

LA SABIDURÍA DE PROVERBIOS

Mientras escribía el libro de Proverbios, al rey Salomón se le traspapelaron sus notas. Ayúdalo a compaginar la sabiduría de sus apuntes.

1. **Proverbios 3:5**—Fíate de Jehová de todo tu ________.
2. **Proverbios 4:23**—Sobre toda cosa guardada, ________ tu corazón.
3. **Proverbios 27:17**—Hierro con hierro se ________.
4. **Proverbios 5:4**—Agudo como ________ de dos filos.
5. **Proverbios 16:18**—Antes del quebrantamiento es la ________.
6. **Proverbios 26:1**—Como no conviene la nieve en el ________.
7. **Proverbios 9:10**—El temor de Jehová es el principio de la ________.
8. **Proverbios 17:22**—El corazón alegre constituye buen ________.
9. **Proverbios 15:1**—La blanda respuesta quita la ________.
10. **Proverbios 3:6**—Reconócelo en todos tus caminos, y él enderezará tus ________.
11. **Proverbios 17:17**—En todo tiempo ________ el amigo.
12. **Proverbios 3:1**—Tu corazón guarde mis ________.

remedio
mandamientos
corazón
ira
ama
guarda
aguza
espada
soberbia
veredas
verano
sabiduría

¡Busca los versículos en la Biblia para verificar tus respuestas!
Si no tienes una Biblia a la mano, busca las respuestas en la página 119.

¿A QUÉ IMPERIO PERTENECE?

¿Qué mejor manera de impresionar a tus amigos que conocer un poco de historia babilónica? Bueno, y aprender algunas cosas sobre los romanos ¡obviamente!

Pero ¿por qué no ir más allá? También puedes aprender algo sobre los imperios persa y griego. (¡Suena muy sofisticado!)

Créenos, asombrarás a tus amigos.

Une con una línea el objeto/persona/suceso con el imperio al que pertenece.

1. Rey Ciro
2. Reina Ester
3. Alejandro Magno
4. Julio César
5. Tomó cautivo a Daniel de Judá
6. Las Olimpiadas
7. Adoraban a Júpiter
8. Los Magos
9. Rey Nabucodonosor
10. Estableció una de las primeras democracias
11. Construyó carreteras extensas
12. Los Jardines Colgantes
13. Arrojó a Daniel al foso de los leones
14. Adoraban a Zeus
15. Rey Darío

- Babilonia
- Persia
- Grecia
- Roma

!?

Busca la solución en la página 120.

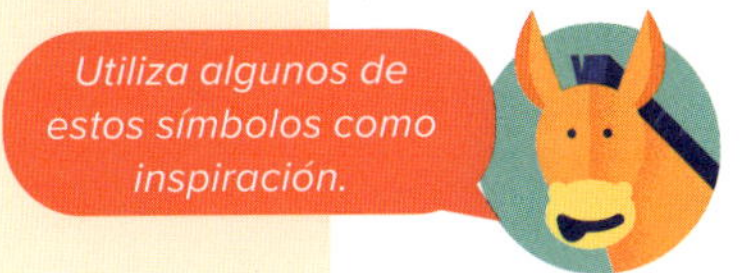

ESCUDO FAMILIAR

Algunas familias exhiben con orgullo una insignia o un "escudo de armas". Estos suelen tener la forma de un escudo de batalla y varios símbolos con significados diferentes.

Diseña tu escudo familiar para poder mostrarlo en tu reino.

disposición

protección familiar

aprender y escuchar

seguridad

paz

determinación

inteligencia

fe

amor y devoción

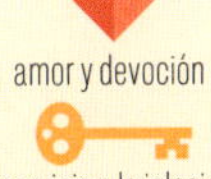

servicio a la iglesia

cristiandad

fuerza y valor

sabiduría

abundancia

esperanza

gloria

honor en batalla

valor

¿QUÉ ME DICES DEL TABERNÁCULO?

El tabernáculo: ¡difícil de entender, pero divertido aprender más de él!

Busca las siguientes palabras que ayudan a comprender mejor el lugar de "la morada de Dios".

AARÓN	IGLESIA	FUEGO	MANÁ	TABERNÁCULO
ALTAR	MANDAMIENTOS	ORO	MOISÉS	TABLAS
ARCA	PACTO	SANTO	SACRIFICIO	TEMPLO
EXPIACIÓN	MORADA	JERUSALÉN	HUMO	TIENDA
PAN	EDÉN	CANDELABRO	SALOMÓN	VELO

I	G	L	E	S	I	A	F	M	A	A	A	R	Ó	N
N	T	E	P	T	C	A	N	D	E	L	A	B	R	O
U	R	M	X	E	A	M	A	N	Á	C	O	D	R	S
Z	X	B	A	P	H	B	G	I	W	F	X	D	P	A
E	D	S	V	N	I	U	E	T	H	L	U	K	A	N
L	X	A	E	P	D	A	M	R	E	I	C	E	N	T
L	M	C	L	A	J	A	C	O	N	M	E	T	G	O
T	O	R	O	C	B	E	M	I	I	Á	P	D	O	O
I	R	I	I	T	S	M	R	I	Ó	B	C	L	É	A
E	A	F	E	O	A	T	O	U	E	N	X	U	O	N
N	D	I	W	A	L	A	W	I	S	N	Z	P	L	R
D	A	C	S	L	O	B	A	D	S	A	T	O	I	O
A	G	I	M	T	M	L	D	R	B	É	L	O	R	W
B	Y	O	D	A	Ó	A	M	F	C	Y	S	É	S	O
N	J	G	V	R	N	S	W	O	Q	A	E	K	N	X

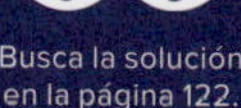

Busca la solución en la página 122.

¿QUÉ TAN BAJO SOY?

¡Qué comparación! Dibújate a ti mismo y la altura de tus amigos o familiares comparados con Og.

ESTÁ BIEN SER DIFERENTE (MENOS EN ESTE JUEGO)

¡Encuentra las diferencias entre las imágenes de héroes y villanos de la Biblia!

JOSÉ
El tímido soñador

Busca la solución en la página 125.

ESPERANDO A UN HÉROE

¡Dios tiene un propósito para **TI**!

Crea tu propia tarjeta de héroe coleccionable, estilo infográfico.

Dale a tu identidad infográfica más carácter: ojos sonrientes, mejillas rosadas, un sombrero divertido, ropa interesante...

NOMBRE:

Futuro/a Ganador/a

SITIOS FORMIDABLES

La Biblia habla de sitios formidables. ¿Recuerdas el arca de Noé y el monte Ararat?

¿Cuáles son algunos sitios formidables en donde vives?

¡Dibuja un lugar al aire libre!

Dibuja un edificio, tu casa o una estructura espectacular que conozcas muy bien, incluso podría ser un lugar famoso donde vives. ¡Podrías agregarle también tus propios toques de diseño!

Aviones: 12 000 m

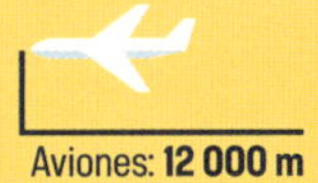

UNA TAREA MONTAÑOSA

Busca una montaña o un monte REALMENTE alto cerca de tu casa *(o un sitio formidable que realmente te guste... ¿Qué tal el Monte Rushmore?)*. Dibújalo al lado de los ya ilustrados.

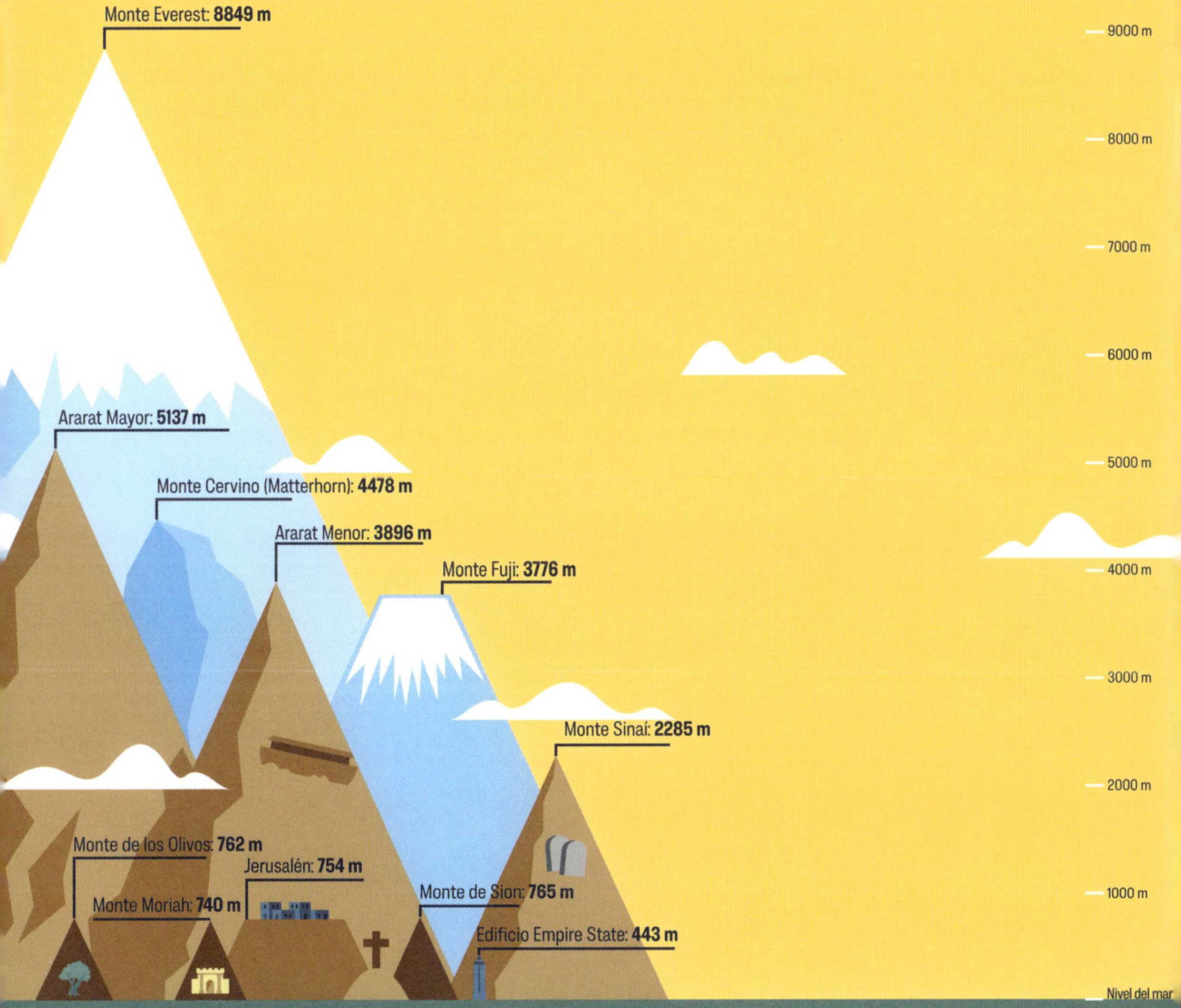
10 000 m
9000 m
8000 m
7000 m
6000 m
5000 m
4000 m
3000 m
2000 m
1000 m
Nivel del mar
Monte Everest: 8849 m
Ararat Mayor: 5137 m
Monte Cervino (Matterhorn): 4478 m
Ararat Menor: 3896 m
Monte Fuji: 3776 m
Monte Sinaí: 2285 m
Monte de los Olivos: 762 m
Jerusalén: 754 m
Monte de Sion: 765 m
Monte Moriah: 740 m
Edificio Empire State: 443 m

¿Qué altura tiene el lugar que dibujaste?

¿Has escalado una montaña o un monte muy alto? ¿Cuánto tiempo te tomó?

MASA MARAVILLA

En los tiempos bíblicos se construyeron algunas estructuras realmente increíbles. El Coliseo Romano podría albergar a unos 50 000 espectadores, una capacidad similar a la del estadio de los *Yankees* de Nueva York.

De acuerdo... tal vez no puedas construir el Coliseo Romano, pero podrías intentar hacerlo con la masa maravilla.

¡Aquí está la receta!

Ingredientes

- 1 taza de harina
- ½ taza de sal
- 2 cucharadas de tártaro
- 1 taza de agua tibia
- 1 cucharada de aceite vegetal
- colorante vegetal

Válgame, ¡eso es mucha sal!

Instrucciones

1. Mezcla los ingredientes secos en un recipiente grande.
2. Agrega el agua y el aceite.
3. Cocínalo a fuego medio y revuélvelo constantemente hasta que empiece a parecer puré de papas.
4. Retira la mezcla de la estufa y divídela en bolitas.
5. Deja que se enfríe. Luego agrega el colorante de alimentos y amásalo hasta que quede suave.

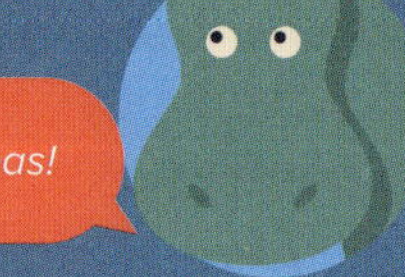

Qué rico, ¡puré de papas!

¡Divide tu masa en bolitas y crea todos los colores del arcoíris!

Puedes almacenar esta masa maravilla hasta tres meses en un recipiente hermético o en el Arca del Pacto. (Recomendamos un recipiente hermético).

Ahora tú intenta construir...

HAZ UNA MENORÁ

El candelero (o menorá) que se encontraba en el tabernáculo y en el templo era un candelabro con 7 brazos. Las ramas simbolizaban el árbol de la vida en el Huerto del Edén. El fuego representaba la presencia de Dios y era un recordatorio constante de que Dios quería morar con la humanidad.

¡Hagamos nuestra propia menorá!

Necesitaremos:

- Plato de papel.
- Vaso de papel.
- 7 palitos de artesanía pequeños.
- 1 palito de artesanía tamaño grande.
- Marcadores o pinturas.
- Tijeras.
- Pegamento blanco para manualidades.
- Papel amarillo y naranja.

Instrucciones

1. Usa las tijeras para cortar el plato de papel por la mitad. Colorea una de las mitades como más te guste. ¡Cuanto más colorido y elaborado, mejor! Dibuja los candelabros sobre él, como en la imagen de arriba a la derecha.
2. Decora los palitos de artesanía pequeños. Estos serán nuestras velas.
3. Pega uno de los palitos de artesanía en el centro del plato en el lado cortado. Pega los palitos restantes un poco más bajos que el del centro, tres a cada lado. No olvides dejar secar el pegamento, ¡cuidado con los dedos pegajosos!
4. Pega el palito de artesanía grande en el centro, en la parte inferior del plato.
5. Corta papel amarillo y naranja en forma de velas. Si no tienes papel de color, puedes usar papel de impresora blanco normal y colorearlo. Pega las llamas a los extremos de los palitos (nuestras velas).
6. Pega con cuidado el palito grande en el vaso de papel bocabajo para hacer un pedestal para la menorá.
7. ¡Coloca el candelabro sobre una mesa para que todos lo vean!

NATIVIDAD: LAS DIFERENCIAS

¡Jesús ha nacido! ¡Compara cuidadosamente estas dos escenas y descubre las 20 diferencias!

!?
Busca la solución en la página 126.

NACE UNA ESTRELLA

Necesitarás:

- Papel de estrella (en la página 139 y 141)
- Pegamento o cinta adhesiva
- Mente lista para aprender
- Dedos listos para plegar

Comencemos con la hoja 1, página 139

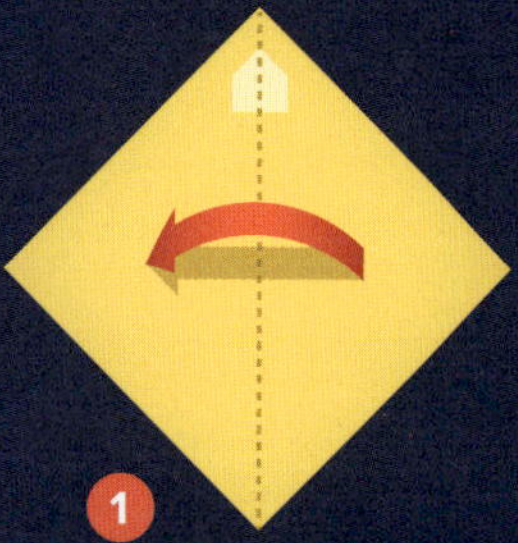

1 Dobla el lado derecho hacia el lado izquierdo, dobla por la mitad.

2 Dobla esta solapa superior para que el borde azul se encuentre con el borde naranja.

(Bordes de colores solo de guía).

3 ¡Dale vuelta completamente!

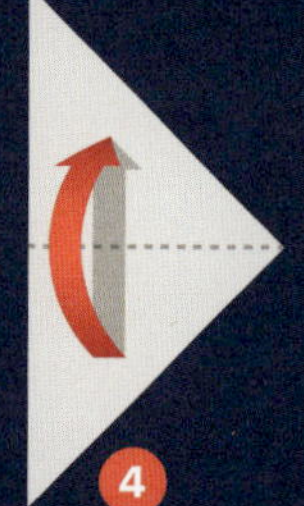

4 Dobla la parte inferior hacia arriba hasta que alcance la parte superior.

¡Debería verse así!

Continúa con el siguiente paso.

La parte de fijar y jalar (nombre no técnico)

Esta es la parte más complicada, así que lo explicaré en cámara lenta.

Domina esto y estarás en camino a convertirte en un sensei (experto) en doblar papeles.

5 Toma la esquina de esta solapa y jala de ella hacia ti.

6 Jala hacia abajo la esquina de esta solapa. A medida que la jalas, la solapa se levantará de la mesa y formará lo que parece un bolsillo.

7 Sigue jalando de la solapa hacia abajo.

Para completar esta parte, necesitarás pliegues, marcados con líneas discontinuas.

(Transparencia solo de guía).

8 Y sigue jalando. Finalmente, los bordes azul y naranja deberían alinearse.

(Bordes de colores solo de guía).

¡¿Ves de lo que hablaba?!

Ahora la hoja 2, página 141

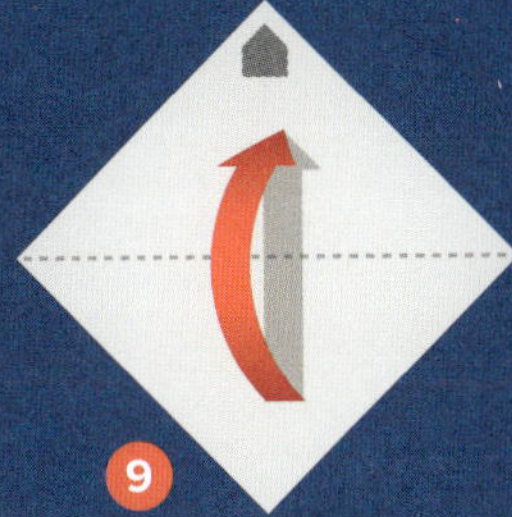

9 Dobla la parte inferior hacia arriba hasta que alcance la parte superior.

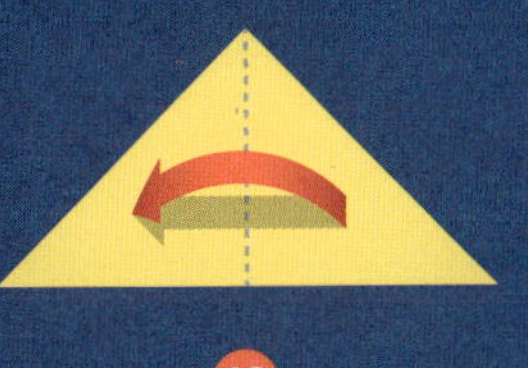

10 Dobla el lado derecho hasta encontrarse con el izquierdo.

11 Se verá así, pero rótalo para que parezca una pirámide invertida.

12 Dobla la punta hacia atrás en la línea punteada del papel.

Bueno, ¡unamos todo ahora!

13 Coloca la figura genial de la Parte 2...

14 ... entre las capas de la flecha genial de la Parte 1.

15 **¡Así!**

Pégalo o ponle cinta adhesiva para que quede fijo.

LISTO

¡Ahora tienes una estrella súper genial de papel!

Observa esto:

Si miras fijamente la estrella durante 30 segundos y luego cierras los ojos, ¡aún puedes verla!

EL LABERINTO DE LOS MAGOS

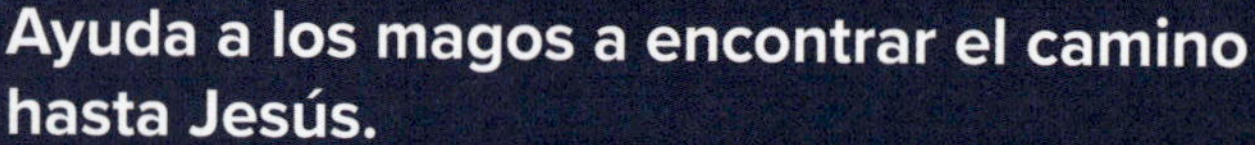

Ayuda a los magos a encontrar el camino hasta Jesús.

En el camino, encuentra y recolecta los tres regalos que le llevaron.

Oro

Incienso

Mirra

Busca la solución en la página 124.

DESCUBRE EL EVANGELIO

Mateo, Marcos, Lucas, Juan. ¿A cuál de los cuatro escritores de los Evangelios se le conoce por lo que se describe a continuación?

Busca las respuestas en la página 119.

1. "Y les dijo: Id por todo el mundo y predicad el evangelio a toda criatura".
2. Recaudador de impuestos.
3. Su evangelio es el menos parecido a los otros tres.
4. Médico.
5. "La paz os dejo, mi paz os doy; yo no os la doy como el mundo la da. No se turbe vuestro corazón, ni tenga miedo".
6. Evangelista.
7. "Por tanto, id, y haced discípulos a todas las naciones, bautizándolos en el nombre del Padre, y del Hijo, y del Espíritu Santo...".
8. También conocido como Leví.
9. Pescador.
10. Escribió el Evangelio que es el libro más largo del N. T.*
11. "Y amarás al Señor tu Dios con todo tu corazón, y con toda tu alma, y con toda tu mente y con todas tus fuerzas. Este es el principal mandamiento".
12. Pariente de Bernabé.
13. "Y Jesús se acercó y les habló diciendo: Toda potestad me es dada en el cielo y en la tierra".
14. "Porque de tal manera amó Dios al mundo, que ha dado a su Hijo unigénito, para que todo aquel que en él cree, no se pierda, mas tenga vida eterna".
15. "Porque el Hijo del Hombre vino a buscar y a salvar lo que se había perdido".
16. "Entonces el ángel le dijo: María, no temas, porque has hallado gracia delante de Dios. Y ahora, concebirás en tu vientre, y darás a luz un hijo, y llamarás su nombre JESÚS".

Marcos

Lucas

Juan

*Una forma rápida de referirse al **Nuevo Testamento**.

JESÚS: EL DIOS-HOMBRE

Jesús tiene dos naturalezas: verdadera y completamente Dios, y verdadera y completamente hombre. Sin embargo, Jesús es una sola persona.

¡Impresionante!

Usa líneas para unir las descripciones que coinciden con la humanidad o divinidad de Jesús.

!? Busca la solución en la página 120.

DESCIFRA EL CÓDIGO

Se han sacado algunas letras de estos versículos y se han desordenado.

¡No me digas!

Fíjate si puedes descubrir qué dicen estos dos importantes versículos acerca de Jesús.

O J O L E L D L O S N D Q L O G U

I S F H G S E E I L P M A D I O A

"E _ _i _ _ e _ el r_ _ _la _ _ _r _ _
la _ _ _r _ _ de _ _ _ s, la _ _ e_
i_ _ _en de _ _ _ _e é_ _ _".

Hebreos 1:3 NVI

¡Utiliza los versículos de la Biblia para ayudarte!

O I N O S T S M T Y O D E O D T

E I H L I C R M R E U Z N A I D

"y es _ a _ d _ en la _ _ _ _ _ción de _ _ _bre,
se hum _ _ló a sí m _ _ _o, h _cién _ _ _e
obe _ _ _nte has _ a la mu _ _te, _
mue _ _ _ de cr _ _".

Filipenses 2:8

Busca la solución en la página 118.

EL ÁRBOL GENEALÓGICO DE JESÚS

Paso 1: Ayuda a Jesús a encontrar a todos los miembros de su familia. Cuando encuentres uno de estos nombres, márcalo con una línea.

ABRAHAM	ENÓS	JOSÉ	NOÉ	SEM
ADÁN	ISAAC	JOSÍAS	RAHAB	SALOMÓN
BETSABÉ	JACOB	LEVÍ	ROBOAM	TAMAR
DAVID	ISAÍ	MARÍA	RUT	
ENOC	JOAQUÍN	MATUSALÉN	SET	

```
J E S U C R I S R I S A A C E
A B R A H A M T A O E S E L N
A H R O B O A M H I J O D E O
D D E I O S J E A S L H I J C
Á O D N E L A H B E O M B R E
N S E L Ó H C B E T S A B É I
J O A D E S O S D A M A R Í A
V I D L A D B E R M I R A B L
E C J O O N S M U E J E R O D
I O S O F M M A T U S A L É N
U E T R S T Ó D J O A Q U Í N
E N U A E Í S N A T R O P L O
A D R E M E A T E V R N O E É
I S A Í E A L S P R I Í N V C
I J O S É P R E D E P D A Í Z
```

!?

Busca la solución en la página 122.

Para encontrar el mensaje oculto, busca letras sin marcar. Empieza por la parte superior izquierda y sigue las filas de la derecha como si estuvieras leyendo un libro.

Paso 2: ¡Escribe aquí todas las letras restantes para revelar quién es Jesús en verdad!

Mensaje secreto: “¡ ... ”.

LA HISTORIA FAMILIAR DE JESÚS

¿Puedes descifrar las claves de la historia familiar de Jesús?
Traza una línea entre cada nombre y aquello por lo que es conocido.

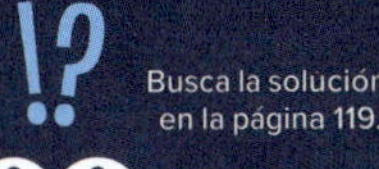

Busca la solución en la página 119.

1 El primer hombre.	David
2 Sobrevivió el diluvio.	Salomón
3 Obedeció a Dios y estuvo dispuesto a sacrificar a su hijo Isaac.	Judá
4 Engañó a su padre para que le diera la bendición del primogénito, que pertenecía a su hermano Esaú.	María
5 La tribu de Israel a la que pertenecía Jesús.	José
6 Un hombre conforme al corazón de Dios (Hch. 13:22).	Matusalén
7 El hombre más rico y sabio de toda la historia (1 Reyes 10:23).	Abraham
8 El rey más admirable de Judá: solo tenía 8 años cuando se convirtió en rey.	Adán
9 Padre de Jesús.	Jacob
10 Dio a luz un hijo y lo llamó Emanuel.	Rahab
11 Ayudó a los espías en Jericó.	Josías
12 El padre de Matusalén: ¡Jamás murió! (Génesis 5:21-24)	Noé
13 La persona de mayor edad registrada (el abuelo de Noé), que vivió hasta los 969 años.	Enoc

RECETA DE PAN DE VIDA

Ingredientes

4 tazas de harina de trigo.
1½ taza de agua tibia.
1½ cucharadita de levadura seca de acción rápida.
1 cucharada de aceite de oliva.
1 cucharadita de sal.
1 cucharada de azúcar.

Indicaciones

1. Mezcla todos los ingredientes en un recipiente grande, menos el agua y el aceite. ¡Haz un hoyo grande en la harina como si fuera un cráter!

2. Vierte el agua y el aceite en el cráter. Mézclalo hasta que no quede harina seca. Coloca la masa sobre una superficie ligeramente enharinada.

3. Amasa la masa durante unos 5 minutos. *Si necesitas ayuda, ¡haz participar a tus padres y hermanos!*

4. Moldea la masa en forma redonda. *Debería verse como una pelota de baloncesto un poco aplastada.*

5. Coloca la masa en un lugar cálido durante 1 hora. *¡La masa crecerá a casi el doble de su tamaño!*

Imagínate crecer tan rápido. ¿Qué tan alto serías? _____ m Bien, volvamos a la cocina.

6. Mientras la masa aún está reposando y leudando, pide a tus padres que precalienten el horno a 230 grados (C). *Ten cuidado, ¡el horno puede ser peligroso!*

Justo antes de colocar la masa en el horno, puedes decorarla con algo divertido como pasas de uvas o chispas de chocolate.

7. Coloca la masa en una bandeja para hornear engrasada y pide a tus padres que la introduzcan en el horno. Hornea durante 20–25 minutos.

8. Una vez que esté listo, pide a tus padres que saquen el pan del horno. *¡Deja enfriar el pan antes de tocarlo! Va a estar muy caliente.*

9. Una vez que el pan se haya enfriado, ¡disfrútalo! Puedes untarlo con un poco de mantequilla o mermelada (o jalea de higos). ¡Quizá puedas convertirlo en un delicioso sándwich!

TRÁEME UN POCO DE JALEA DE HIGO

Tal vez hayas leído sobre los higos en la Biblia, pero quizá nunca hayas probado uno. ¡Prueba esta sabrosa receta de jalea de higos!

Ingredientes

Rayadura de un limón.
¾ taza de azúcar granulada.
2 cucharadas de miel.
1½ cucharada de jugo de limón.
1 o 2 ramitas de tomillo.
450 g de higos frescos maduros, sin tallos y en cuartos.

Indicaciones

1. Puedes usar un pelador de verduras para rayar la cáscara del limón.
2. Coloca todos los ingredientes en una olla y revuélvelos.
3. Hervir a fuego medio-alto y revolver con frecuencia. Reduce el fuego a medio-bajo y cocina a fuego lento de 40 a 50 minutos o hasta que la mezcla espese. *Revuelve con frecuencia para que la mezcla no se pegue al fondo de la olla.*
4. Desecha los tallos de tomillo y la cáscara de limón. Usa una licuadora para picar la piel de los higos (si lo deseas).
5. Vierte la jalea en un frasco de 225 g. *Se puede mantener refrigerado hasta por un mes.*

¡Estas son algunas maneras de disfrutar la jalea de higo!

Úntala sobre una tostada o un muffin.

Agrégala a un helado.

Pruébala en panqueques en vez de almíbar.

Haz bocaditos de higo caseros.

Úntala sobre un sándwich de jamón y queso a la plancha.

4 EVANGELIOS, 18 PREGUNTAS, SOLO BUENAS NOTICIAS

Los Evangelios hacen una descripción maravillosa de Jesús y su ministerio. ¡Incluyen desde su nacimiento hasta su crucifixión y resurrección! ¡Utiliza las siguientes pistas para poner a prueba tus conocimientos y revelar un importante mensaje oculto!

Pistas:

1. Este evangelio muestra una imagen de Jesús muy diferente a la de los otros tres.
2. Los Evangelios son los primeros cuatro libros de esta sección de la Biblia.
3. Mateo presenta a Jesús como el _____ , quien liberaría a la nación judía según la promesa en la Biblia hebrea.
4. Los Evangelios abarcan la vida, muerte y resurrección de ________________ .
5. Los 12 discípulos (y algunos otros) también fueron conocidos como _____ , lo que significa que eran mensajeros.
6. Antes que Mateo se convirtiera en discípulo, era un ___________ de __________ .
7. Jesús se llamaba el Mesías, o ______ , que puede significar el "Ungido".
8. ___________ es el único Evangelio que menciona a los sabios (los magos).
9. Lucas es el Evangelio más _____ . (También el libro con más palabras en el N. T.).
10. Los Evangelios muestran el cumplimiento de las profecías de esta sección de la Biblia.
11. Hay _____ Evangelios.
12. A Marcos se lo conocía como _____ , una persona que lleva a otros a Cristo.
13. A Mateo se lo conocía con este nombre antes de conocer a Jesús.
14. Evangelio significa "______ ________ ".
15. Lucas practicaba esta profesión antes de comenzar a seguir a Jesús.
16. A Mateo, Marcos y Lucas a veces se les conoce como los Evangelios __________ .
17. Marcos es el Evangelio más _____ . (¡Rápido y repleto de acción!).
18. Los Evangelios dicen que Jesús es el ______ de Dios.

Mensaje secreto:

______ __ __ __________.

!?

Busca las respuestas en la página 120.

DINERO **PESCADO**

En Mateo 17:27 Jesús manda a Pedro a pescar, y le dice que en la boca del primer pez que pesque encontrará una moneda para pagar un impuesto. ¡Cuáles son las probabilidades de que eso ocurriera!

Ayuda a Pedro a encontrar la moneda a través del laberinto del pez.

*Justo en la nariz. En 2002, un hombre atrapó un pez espada, le puso su anillo de bodas en la nariz y lo soltó. Increíblemente, **tres años después**, atrapó el mismo pez espada, ¡y todavía tenía el anillo en la nariz!*

Busca la solución en la página 124.

OBSERVA CÓMO CRECE UNA SEMILLA

Jesús dijo que el reino de Dios es como una semilla. ¡Comienza pequeña, pero luego crece y crece en una vida nueva!

Vamos a sembrar nuestras propias semillas y ver cómo crecen.

Necesitaremos:

semillas de frijol
un recipiente (de al menos 10 cm de alto)
tierra (si puedes, ¡usa tierra suelta mezclada con abono!)

Instrucciones

1. Llena tu recipiente con tierra. Asegúrate de que la tierra esté suelta y no compacta.
2. Siembra tus semillas a aproximadamente 2,5 centímetros de profundidad de la tierra. ¡Asegúrate de que cada semilla esté a una distancia de aproximadamente 5 centímetros para que tengan espacio para esparcir sus raíces!
3. Rocía las semillas con agua hasta que la tierra esté húmeda. ¡No riegues mucho las semillas para evitar que se forme barro! Las semillas de frijol no necesitan mucha agua. Solo asegúrate de que la tierra no se seque. Trata de regar tus semillas todas las mañanas.
4. Coloca el recipiente en un lugar donde las semillas puedan recibir al menos 8 horas de luz solar al día. Junto a una ventana sería el lugar perfecto.
5. ¡Espera y observa cómo crecen tus semillas!

Una vez que los brotes midan aproximadamente 7,5 centímetros de alto, puedes trasplantarlos a recipientes más grandes y llevarlos al aire libre.

JESÚS SALVA

Usa las pistas para revelar palabras importantes relacionadas con el suceso más importante de toda la historia: ¡El día que Jesús murió por nuestros pecados!

Pistas:

1. Jesús dijo que lo matarían y luego, al _____ día, resucitaría (Mateo 16:21).
2. Suceso celebrado en la Pascua y del cual testificaron los apóstoles (Hechos 4:33).
3. Lo que traspasó el costado de Jesús mientras colgaba de la cruz (Juan 19:34).
4. Lugar de su crucifixión ("lugar de la Calavera", o Monte Calvario) (Juan 19:17).
5. Jesús es el Hijo de _____ (Lucas 22:70).
6. Jesús también es "el _____ del Hombre" (Mateo 26:64).
7. Se burlaron de Jesús en la cruz; le dieron vino mezclado con vinagre (Lucas 23:36-37).
8. Jesús entró a Jerusalén montado sobre una _____ (Mateo 21:1-11).
9. El discípulo que traicionó a Jesús (Mateo 27:3).
10. Antes de morir, Jesús compartió con sus discípulos una última ________ (Marcos 14:12-26).
11. El domingo de ____ celebramos la entrada triunfal de Jesús en Jerusalén (Juan 12:12-18).
12. Gobernador romano que sentenció a Jesús, a lo que siguió su crucifixión (Juan 18:28-40).
13. Las últimas palabras de Jesús en la cruz (Juan 19:30).
14. Fue crucificado por nuestros pecados y resucitó (Hechos 10:39-43).
15. El número de hombres (ladrones) crucificados junto a Jesús (Lucas 23:32).
16. Las personas a las que Jesús vino a salvar; otra forma de decir "a todos" (1 Timoteo 2:5).
17. Jesús fue crucificado en una _____ (Filipenses 2:8).
18. Colocaron una corona de ____ sobre la cabeza de Jesús en su crucifixión (Mateo 27:29).
19. Persona que ayudó a cargar la cruz de Jesús (Mateo 27:32).

Buscar la solución
en la página 121.

CONECTA LAS PROFECÍAS

El Antiguo Testamento contiene más de 186 profecías sobre la venida del Mesías, ¡y Jesús cumplió cada una de ellas! ¡Muy impresionante!

Estas son solo algunas de las profecías. Fíjate si puedes conectar la **profecía del Antiguo Testamento** sobre el Mesías con su **cumplimiento en el Nuevo Testamento** en la vida de Jesús. Busca los versículos del Nuevo Testamento y traza una línea de modo que coincida con la profecía del Antiguo Testamento que corresponda.

Busca la solución en la página 120.

PROFECÍAS (A. T.)	CUMPLIMIENTO (N. T.)
1 **Descendiente del rey David** 2 Samuel 7:12-16	**Juan 13:18**
2 **Nació en Belén** Miqueas 5:2	**Mateo 1:22-23**
3 **Nació de una virgen** Isaías 7:14	**Mateo 2:1**
4 **Enseña en parábolas** Salmos 78:1-2	**Mateo 21:1-11**
5 **Entra a Jerusalén sobre una asna** Zacarías 9:9	**Juan 19:33-36**
6 **Un amigo cercano lo traiciona** Salmos 41:9	**Marcos 16:5-6**
7 **Perforan sus manos y sus pies** Salmos 22:15-16	**Lucas 1:32**
8 **No rompen ninguno de sus huesos** Salmos 34:19-20	**Hechos 1:9-11**
9 **Resucita de entre los muertos** Salmos 16:10-11	**Juan 20:25-27**
10 **Asciende al cielo y se sienta a la diestra de Dios** • Salmos 68:18	**Mateo 13:34-35**

EXPERIMENTO DE PROBABILIDADES

Al lanzar una moneda, hay una probabilidad de **1 en 2** de que sea "cara". Bastante simple, ¿verdad? Bueno, las cosas se ponen mucho más difíciles si quieres que sea "cara" varias veces seguidas. La probabilidad de obtener "cara" 10 veces seguidas es de **1 en 1024**. Pero fíjate, la probabilidad de que sea "cara" 50 veces seguidas es de **1 en 1 125 899 906 842 624**. Eso es aún más fácil a que una sola persona cumpla 8 de las profecías sobre el Mesías, que es **1 en 100 000 000 000 000 000** (¡Eso es UNA en cien mil billones!). ¡Y Jesús cumplió más de 150 profecías!

¡Esos sí son números grandes!

Lanza una moneda al aire 100 veces. Sigue tus resultados y marca una moneda del siguiente dibujo cada vez que salga el mismo lado.

¡EN GUARDIA!

Después de que Jesús fue crucificado, lo sepultaron en una tumba. Al menos cuatro soldados romanos custodiaban la tumba. Al tercer día, hubo un fuerte terremoto, y un ángel del Señor quitó la piedra de la entrada de la tumba y se sentó sobre ella.

¡Esto aterrorizó a los soldados romanos!

Antes de que salgan corriendo, intenta colorear la imagen para ver cómo se veían los guardias en servicio.

DADINIRT

¡Los eruditos de la Biblia han estado estudiando la doctrina de la Trinidad durante más de 2000 años! Tal vez no tengamos tanto tiempo, así que nos centraremos en lo que es fundamental.

¡Descifra las siguientes palabras que describen la Trinidad!

1. **DARPE**
2. **JHOI**
3. **ÍPUEIRTS**
4. **ONU**
5. **LGIUSEA**
6. **SONTISIDT**

¡Más para descifrar!

Fíjate si puedes descifrar estas palabras más largas que describen conceptos erróneos típicos sobre la Trinidad. Si necesitas ayuda, consulta la página 43 de la *Biblia Infográfica para niños, volumen 2* (se vende por separado).

1. **MRTÍEOIST** *Pista: La creencia de que hay tres dioses, no un solo Dios.*
2. **AOAIRMSRNI** *Pista: La creencia de que Jesús y el Espíritu no son completamente Dios.*
3. **SLOMAOMID** *Pista: La creencia de que el Padre, el Hijo y el Espíritu son nombres diferentes para Dios.*

Busca la solución en la página 119.

COLOREA LA TRINIDAD SEGÚN EL NÚMERO

Entender la Trinidad puede ser muy difícil (después de todo, como dijimos, los eruditos de la Biblia han estudiado la doctrina durante más de 2000 años), pero colorear cada sección según cada número a continuación podría ayudar a traer un poco más de claridad.

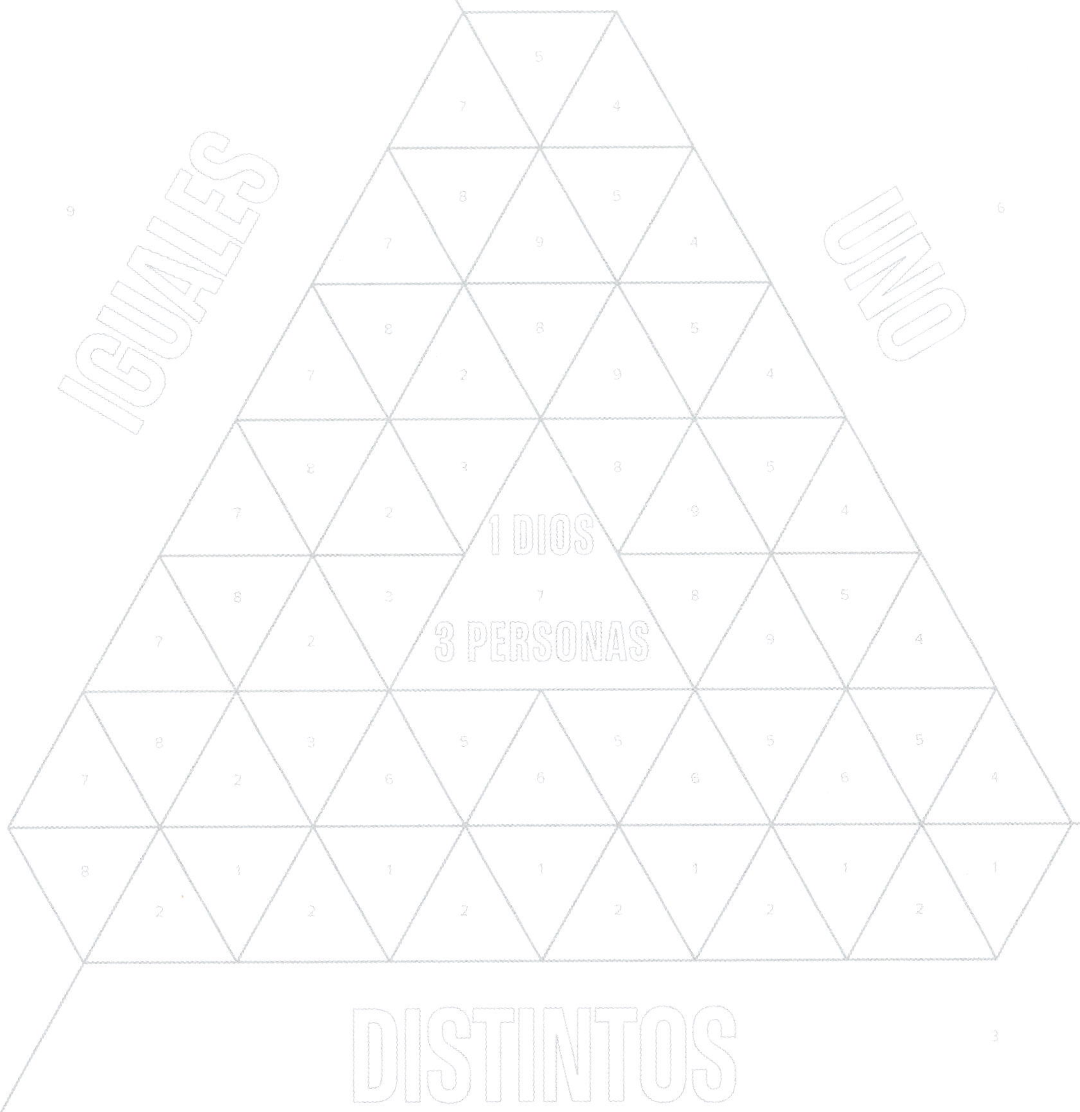
IGUALES
UNO
1 DIOS
3 PERSONAS
DISTINTOS

PADRE 1 2 3 **HIJO** 4 5 6 **ESPÍRITU** 7 8 9

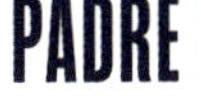

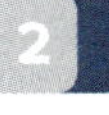

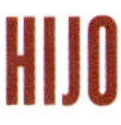

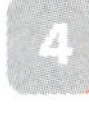

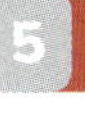

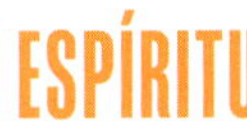

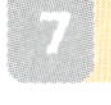

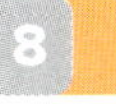

ZAPATOS PARA JESÚS

Pablo difundió las Buenas Nuevas de Jesús por todas partes, ¡y viajó más de 16 000 kilómetros! Si caminaras esa distancia, ¡quizá gastarías unos **25 pares de zapatos!**

¡Diseña tus propios zapatos para difundir el evangelio!

"Estad, pues, firmes... y calzados los pies con el apresto del evangelio de la paz".

Efesios 6:14-15

DE PABLO EL APÓSTOL

Pablo escribió más de la mitad de los libros del Nuevo Testamento.

Ordena las letras para descubrir cuáles fueron.

1. OTTI
2. EMTOIOT
3. SIPNLFESIE
4. NEIÓLMF
5. SNOESSCOEL
6. OSEFISE
7. OMNOARS
8. RSIOTCION
9. ASCOSESNITLENE
10. ALÁTSAG

"Todo lo puedo en Cristo que me fortalece".

Filipenses 4:13

Busca la solución en la página 119.

LA IGLESIA

La iglesia es importante para los seguidores de Cristo. Allí aprendemos acerca de Jesús, lo adoramos y conocemos a otros cristianos.

¡Cuéntanos un poco sobre tu iglesia!

¿Cómo se llama tu iglesia?

¿Dónde está?

¿Cuánto hace que asistes a tu iglesia?

¿Qué es lo que más te gusta de tu iglesia?

¿Cómo se llaman algunos líderes de tu iglesia?

Dibuja aquí a uno de los líderes.

Dibuja el edificio de tu iglesia.

Desafortunadamente, muchos cristianos alrededor del mundo no pueden adorar a Jesús en un país libre. Los países donde viven crean leyes en contra de asistir a la iglesia y encarcelan a los cristianos.

Una de las mejores cosas que podemos hacer por nuestros hermanos en Cristo es orar por los que están siendo perseguidos.

A continuación, hay algunos motivos por los que podemos orar:

LOS PAÍSES CON MÁS PERSECUCIÓN SON...

CADA SEMANA 182 IGLESIAS SUFREN ATAQUE.

CADA MES, 309 CRISTIANOS SON ENCARCELADOS POR SU FE.

CERCA DE 260 MILLONES DE CRISTIANOS ESTÁN BAJO AMENAZA DE PERSECUCIÓN A VECES SEVERA.

Otras cosas que puedes hacer:

- Inicia una venta de pasteles o un puesto de limonada y dona el dinero para enviar Biblias a los países bajo persecución.
- Ora con tus amigos por los cristianos perseguidos cada semana.
- Elije un país diferente por el cual orar cada día.
- Pide a los líderes de tu iglesia que apoyen a los misioneros.

Escribe tus propias ideas:

Puertas abiertas – Sirviendo a los cristianos perseguidos https://www.puertasabiertasal.org/

BUSCA EL FRUTO DEL ESPÍRITU

En Juan 15, aprendemos que Jesús es la vid y nosotros somos los pámpanos. Separados de Dios no podemos hacer nada, pero con Él podemos dar fruto. ¡Busca todo el fruto aquí!

A Z
R I A I
D D
B O O
N N
E A C G
A E N S
M
Z F A

Organiza las letras que encuentres en cada fruto para revelar qué fruto del Espíritu es...

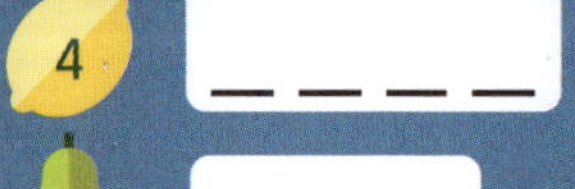

R G P N U
O I
C Á M
L P
D N E M
B I
P N D
Á
O D E M
B
A T A E Z
2
11
9
!?
Busca la solución en la página 119.

BATIDOS DE FRUTOS (DEL ESPÍRITU)

Indicaciones para cualquiera de las siguientes recetas:

1. Coloca todos los ingredientes en una licuadora.
2. ¡Licúa bien!
3. Vierte en tazas o vasos.
4. ¡Disfruta!

Cada receta hace dos batidos grandes o cuatro pequeños. Pero ¿quién quiere un batido pequeño? Nadie.

Amor con limón

3 tazas de piña congelada
1 taza de leche de coco entera
2 cucharaditas de rayadura de limón
2 cucharadas de jugo de limón

Fiesta de Gozo

1½ tazas de jugo de cereza
1 banana
1½ tazas de cerezas maduras congeladas
¾ de taza de yogur de vainilla

Paz con zanahorias

1 taza de zanahoria rallada
1 banana
1 taza de trozos de mango
1½ tazas de jugo de naranja

Paciencia con pera

2 peras picadas sin corazón
1 banana
1 taza de leche
½ taza de yogur (vainilla o natural)
½ cucharadita de canela molida
1 pizca de nuez moscada

Benignidad de fresa y kiwi

1 banana
½ taza de fresas
1 kiwi
½ taza de yogur helado de vainilla
¾ de taza de jugo de piña y naranja

Bondad de mantequilla de maní

2 bananas
1 taza de trozos de piña congelados
1 taza de hielo
1½ tazas de leche de coco
¼ de taza de mantequilla de maní
¼ de taza de yogur de vainilla
1 cucharada de miel

Uvas de **Mansedumbre**

½ taza de yogur natural
¼ de taza de jugo de uva
2 tazas de uvas rojas sin semillas
1 taza de hielo

Fidelidad frutal

Capa 1:
1 taza de frambuesas congeladas
1 banana
1 taza de leche de coco

Capa 2:
1 taza de trozos de mango congelados
1½ tazas de jugo de piña
1 cucharadita de extracto de vainilla

Templanza de fresa y chocolate

1 taza de fresas congeladas
1 banana congelada
1 taza de leche con chocolate
1 cucharada de cacao en polvo sin azúcar

SERAFÍN PUNTO POR PUNTO

Une los puntos numerados para descubrir los serafines.

Cuando hayas terminado, ¡añade tus propios detalles o coloréalo!

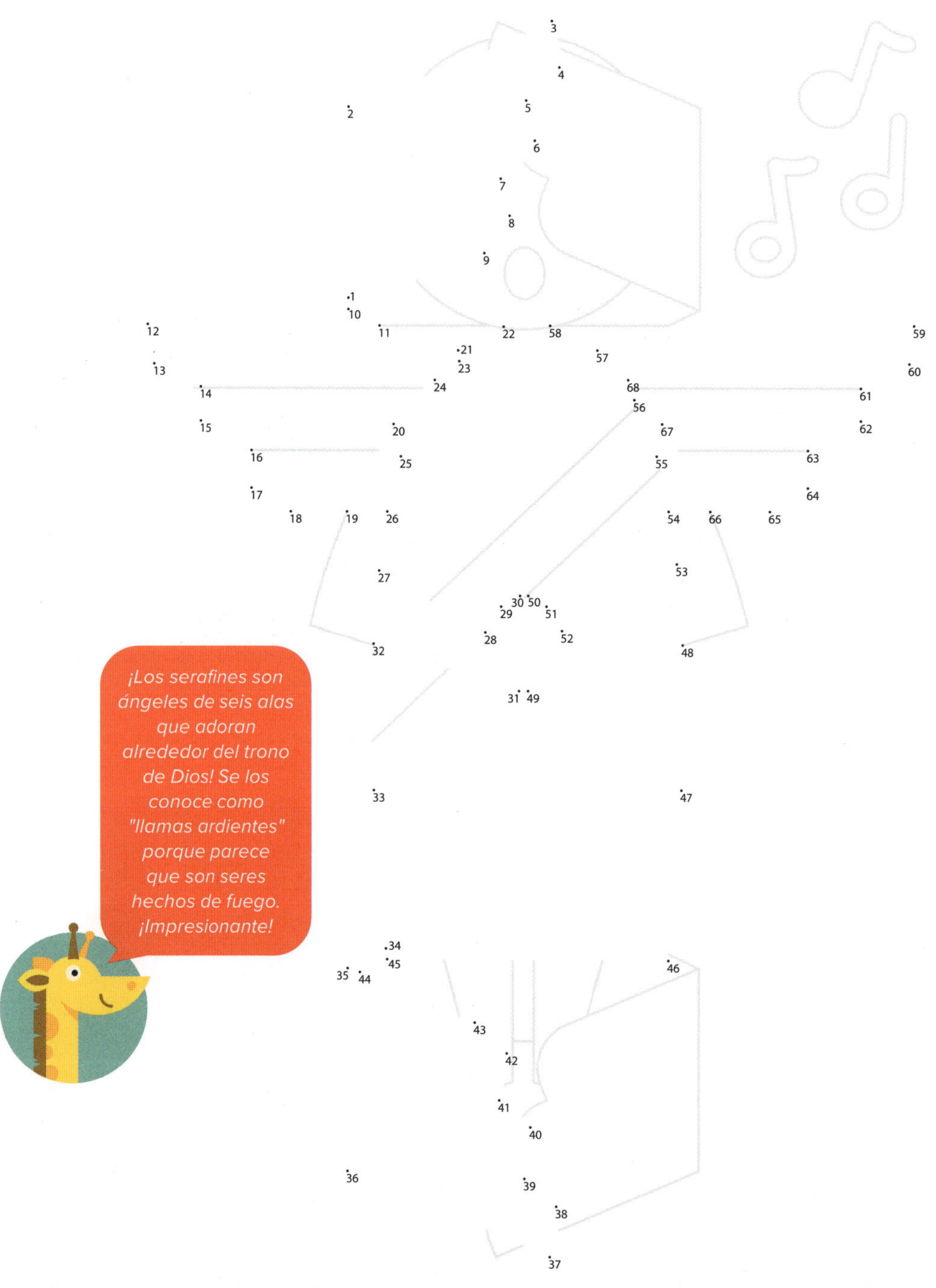

ANGELCÓPTERO

¡Haz tu propio ángel que vuele por el aire como un helicóptero!

Necesitarás

Tijeras
Clip de papel
Recorte de ángel de la página 135

Instrucciones

1. Recorta el diseño del ángel de la página 135.
2. Dentro del diseño de ángel, corta solo a lo largo de las líneas continuas (no las punteadas).
3. Dobla una de las alas hacia un lado a lo largo de la línea punteada y dobla la otra ala en la dirección contraria.
4. Dobla las dos solapas largas hacia el medio.
5. Dobla la sección inferior hacia arriba a lo largo de la línea punteada.
6. Usa el clip de papel para unir la sección inferior y las solapas.
7. ¡Lanza al ángel al aire y míralo volar!

Cada vez que sigues estas instrucciones, un ángel recibe sus alas.

!? RESPUESTAS

PARA MÍ, ¡TODO ESTÁ EN GRIEGO!

1. En el principio Dios creó los cielos y la tierra.
2. Porque de tal manera amó Dios al mundo, que ha dado a su Hijo unigénito, para que todo aquel que en él cree, no se pierda, mas tenga vida eterna.
3. El Nuevo Testamento también se escribió sin números de versículos, capítulos o títulos de secciones. Estos se agregaron más adelante para ayudar a lectores como tú.
4. ¿Qué sabor de helado es tu preferido? Escribe tu respuesta aquí.

DECODIFICADOR DE BURRO

1. Mi nombre es Dusty el Burro.
2. Mis amigos me llaman Burro.
3. Me encantan las manzanas, las bananas y los *waffles*.
4. Cuando sea grande quiero ser astronauta.

LAS PLAGAS DE EGIPTO

1. SANGRE
2. RANAS
3. PIOJOS
4. MOSCAS
5. GANADO
6. ÚLCERAS
7. GRANIZO
8. LANGOSTAS
9. TINIEBLAS
10. PRIMOGÉNITO

DESCIFRA EL CÓDIGO

Hebreos 1:3 - "El Hijo es el resplandor de la gloria de Dios, la fiel imagen de lo que él es" (NVI).

Filipenses 2:8 - "y estando en la condición de hombre, se humilló a sí mismo, haciéndose obediente hasta la muerte, y muerte de cruz".

DADINIRT

1. PADRE
2. HIJO
3. ESPÍRITU
4. UNO
5. IGUALES
6. DISTINTOS

MÁS A DESCIFRAR 1: TRITEÍSMO

MÁS A DESCIFRAR 2: ARRIANISMO

MÁS A DESCIFRAR 3: MODALISMO

DE PABLO EL APÓSTOL

1. Tito
2. Timoteo
3. Filipenses
4. Filemón
5. Colosenses
6. Efesios
7. Romanos
8. Corintios
9. Tesalonicenses
10. Gálatas

BUSCA EL FRUTO DEL ESPÍRITU

manzanas rojas — amor

limón — gozo

peras — paz

duraznos — paciencia

ciruelas — benignidad

manzanas verdes — bondad

cerezas — fe

naranjas — mansedumbre

limas — templanza

LA SABIDURÍA DE PROVERBIOS

1. corazón
2. guarda
3. aguza
4. espada
5. soberbia
6. verano
7. sabiduría
8. remedio
9. ira
10. veredas
11. ama
12. mandamientos

DESCUBRE EL EVANGELIO

1. Marcos
2. Mateo
3. Juan
4. Lucas
5. Juan
6. Marcos
7. Mateo
8. Mateo
9. Juan
10. Lucas
11. Marcos
12. Marcos
13. Mateo
14. Juan
15. Lucas
16. Lucas

LA HISTORIA FAMILIAR DE JESÚS

1. Adán
2. Noé
3. Abraham
4. Jacob
5. Judá
6. David
7. Salomón
8. Josías
9. José
10. María
11. Rahab
12. Enoc
13. Matusalén

¿A QUÉ IMPERIO PERTENECE?

1. Persia
2. Persia
3. Grecia
4. Roma
5. Babilonia
6. Grecia
7. Roma
8. Babilonia
9. Babilonia
10. Grecia
11. Roma
12. Babilonia
13. Persia
14. Grecia
15. Persia

CONECTA LAS PROFECÍAS

1. Lucas 1:32
2. Mateo 2:1
3. Mateo 1:22-23
4. Mateo 13:34-35
5. Mateo 21:1-11
6. Juan 13:18
7. Juan 20:25-27
8. Juan 19:33-36
9. Marcos 16:5-6
10. Hechos 1:9-11

JESÚS: EL DIOS-HOMBRE

HUMANIDAD

Respiró y sopló aire

Tuvo hambre y sed

No era atractivo ni de gran apariencia

Sintió cansancio

Lloró

Creció de bebé hasta ser adulto

Sangró y murió

DIVINIDAD

Es todopoderoso

Es soberano

Es eterno, existía antes de ser humano

Puede perdonar pecados

Recibió la adoración de sus seguidores

Está presente en todo lugar (es omnipresente)

Es omnisciente (todo lo sabe)

¿DÓNDE COMENZÓ TODO?

1. Sábado
2. Galaxia
3. Polvo
4. Eclipse
5. Planeta
6. Sistema Solar
7. Eterno
8. Constelación
9. Vía Láctea
10. Estrella
11. Elemento
12. Luna
13. Asteroide
14. Año Luz
15. Agujero Negro

Mensaje oculto: Dios es el creador.

4 EVANGELIOS, 18 PREGUNTAS, SOLO BUENAS NOTICIAS

1. Juan
2. Nuevo Testamento
3. Mesías
4. Jesús
5. Apóstoles
6. Recaudador de impuestos
7. Cristo
8. Mateo
9. Largo
10. Antiguo Testamento
11. Cuatro
12. Evangelista
13. Leví
14. Buenas noticias
15. Médico
16. Sinópticos
17. Corto
18. Hijo

Mensaje oculto: Jesús es el Salvador.

JESÚS SALVA

1. Tercer
2. Resurrección
3. Lanza
4. Gólgota
5. Dios
6. Hijo
7. Soldados
8. Asna
9. Judas
10. Cena
11. Ramos
12. Pilato
13. Consumado es
14. Jesús
15. Dos
16. Humanidad
17. Cruz
18. Espinas
19. Simón

CUESTIONARIO REAL SORPRESA

1. D — Samuel
2. C — honda
3. B — 2,2 billones de dólares
4. A — 7 años
5. A — el rey más admirable de Judá
6. C — en el trono
7. B — peor
8. C — con reinado más largo

TRIVIA ÉPICA BÍBLICA

PERSONAJES DE LA BIBLIA

1. Balaam
2. Matusalén, 969 años
3. Sara
4. Isaac, "él que ríe", o "risa"
5. Elías
6. Pablo
7. Débora
8. Sadrac, Mesac y Abed-nego

LA BIBLIA

9. 66
10. Hebreo
11. 2 Samuel
12. Salmos
13. Salmos 119, 176
14. 3 Juan (296 palabras)
15. Lucas
16. Judas

LUGARES EN LA BIBLIA

17. Nínive
18. Belén, Miqueas
19. Egipto
20. Camino a Damasco
21. Jericó
22. Monte Sinaí
23. Las montañas de Ararat
24. El Mar Rojo

POPURRÍ

25. Animales y personas
26. Ranas
27. Diez Mandamientos, una vasija con maná, la vara de Aarón
28. Una moneda
29. Un asno
30. El arpa
31. Oro, incienso y mirra
32. Doce, Mateo

¿Resolviste el laberinto para descubrir mi comida de desayuno favorita? ¡Son los WAFFLES!

EL ÁRBOL GENEALÓGICO DE JESÚS

J E S U C R I S R I S A A C E
A B R A H A M T A O E S E L N
A H R O B O A M H I J O D E O
D D E I O S J E A S L H I J C
Á O D N E L A H B E O M B R E
N S E L Ó H C B E T S A B É I
J O A D E S O S D A M A R Í A
V I D L A D B E R M I R A B L
E C J O O N S M U E J E R O D
I O S O F M M A T U S A L É N
U E T R S T Ó D J O A Q U Í N
E N U A E Í S N A T R O P L O
A D R E M E A T E V R N O E É
I S A Í E A L S P R I Í N V C
I J O S É P R E D E P D A Í Z

Mensaje secreto: ¡Jesucristo es el Hijo de Dios, el Hijo del Hombre, el Hijo de David! Admirable, Consejero, Dios fuerte, nuestro Padre eterno, el Príncipe de paz.

LUZ Y TINIEBLAS

Mensaje secreto: Dios disipa la oscuridad. En Su luz veré la luz conociendo Su verdad y la completa libertad.

¿QUÉ ME DICES DEL TABERNÁCULO?

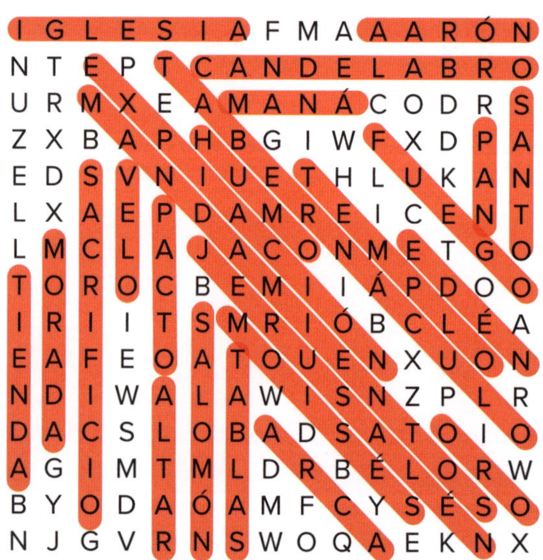

PALABRAS DE LOS SALMOS

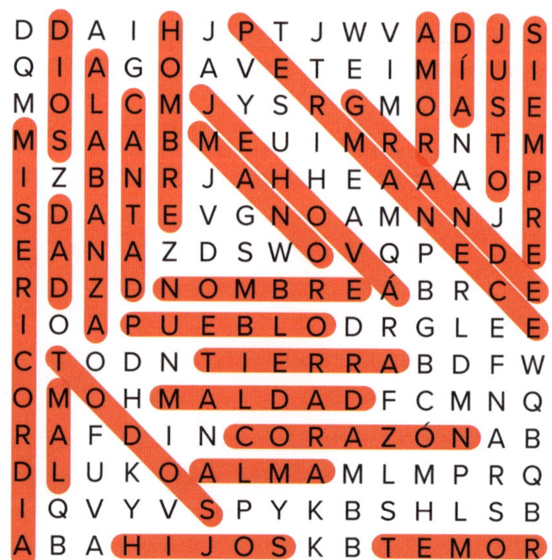

LÓGICAMENTE DIVERTIDO

	Acab	Salomón	Joaquín de Judá	Josías
1010 a. C.		✓		
870 a. C.	✓			
640 a. C.				✓
595 a. C.			✓	
Amón				✓
David		✓		
Joacím			✓	
Omri	✓			
Elías	✓			
Habacuc				✓
Jeremías			✓	
Natán		✓		

¡TODOS A BORDO!

	Jirafa	Cerdo	Serpiente	Paloma
P. del Techo				✓
Cubierta superior	✓			
Cubierta media		✓		
Cubierta inferior			✓	
Noé			✓	
Sem	✓			
Cam				✓
Jafet		✓		
Día 10		✓		
Día 20	✓			
Día 30			✓	
Día 40				✓

PONME BARBA

¡INCREÍBLE ARCOÍRIS!

EL LABERINTO DE LOS MAGOS

DINERO PESCADO

ESCAPE DE EGIPTO

ESTÁ BIEN SER DIFERENTE (MENOS EN ESTE JUEGO)

VE LA LUZ

NATIVIDAD: LAS DIFERENCIAS

CIELO, MAR Y TIERRA: ¡ENCUENTRA LO QUE NO PERTENECE!

¿ENTRARÁN TODOS?

FÁCIL

DIFÍCIL

¿TUYO ES, MOISÉS?

¿ACASO DESAPARECIÓ BURRO?

Recorta y utiliza para la actividad de la página 22.
FÁCIL

DIFÍCIL
Página
23

Recorta y utiliza para la rana de origami, página 36.

Agrega a tu ejército de ranas al repetir los pasos con tu propio papel de 15 por 15 cm. ¡Usa papel verde o coloréalo para añadir detalles divertidos!

Recorta y utiliza para el Angelcóptero, página 117.

¡No te olvides de colorearlo y agregar más detalles divertidos!

Recorta y utiliza para el unicornio de origami, página 30.

¿Quieres hacer más unicornios? Consigue tu propio papel de origami colorido o papel de regalo y dibuja rasgos de tu propia invención. Corta el papel en secciones de 15 por 15 cm.

Recorta y utiliza para la estrella de origami, página 86.

Haz más estrellas al repetir los pasos con tu propio papel cortado en secciones de 15 por 15 cm. ¡Usa papel amarillo o coloréalo para añadir detalles divertidos!

Hoja #1

Recorta y utiliza para la estrella de origami, página 86.

Haz más estrellas al repetir los pasos con tu propio papel cortado en secciones de 15 por 15 cm. ¡Usa papel amarillo o coloréalo para añadir detalles divertidos!

Hoja #2

Desprende tu propio póster de Héroes y Villanos de la Biblia.

Dibújate en la escena: ¿qué te convierte en un héroe?

HÉROES
y
VILLANOS